美しいものを見に行くツアーひとり参加

益田ミリ

幻冬舎文庫

美しいものを見に行くツアーひとり参加

旅行代理店
オーロラツアーで添乗員同行のプランありますか？
ひとり参加です
こちらパンフレットです
いろいろ質問しつつ考えます
この日程のツアーは他にもおひとり参加の方がいらっしゃいますよ
みんな連れがいる中わたしだけひとり参加の場合もあるんか
そーゆーこと考えてなかったワ

はじめに

美しいものを見ておきたい。

40歳になったとき、なぜか急《せ》き立てられるような気持ちになりました。本やテレビで目にしてきた、世界のさまざまな美しいもの。たとえば、景色だったり、お祭りだったり。

「見てみたいなぁ、でも、行くことはないんだろうなぁ」

そんなふうに憧れていた場所へ、これからの10年をかけて出かけてみるのはどうだろう？

背中を押したのは、添乗員が同行するツアー旅行の存在でした。ひとりで海外旅行というのは、語学力が乏しい身にはハードルがちと高い。さらには、自分が行きたいところに、毎度毎度、誰かが付き合ってくれることもなかろう。

だけど、ツアー旅行なら申し込めばいいだけ。

「ひとり参加はさみしそうに見られてしまうのかな」

あれこれ考えているうちに、気づけば41歳に。そろそろお出かけの時間になっていたのでした。

益田ミリ

スーツケースはリモワのサルサエアー（63L）

値段はちょっと高めだけれど、重さ2.9kgで本体自体がとても軽い。8日間くらいならわたしはこれで充分

出発時、いつも片側は「空」の荷造りを心がける。帰りのお土産はこのスペースに

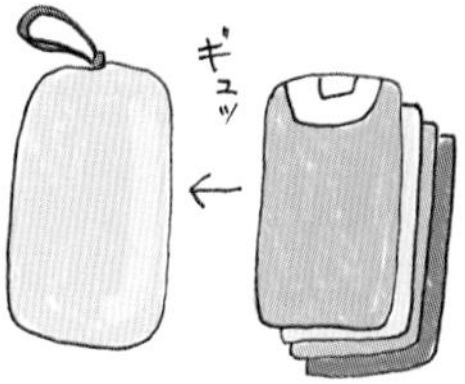

衣類は袋のサイズに合わせて
重ねてたたみ、ギュッと入れ
ればコンパクトに

持っていく服は一度自宅で着てみて本当に必要か確認します。下着類はお風呂で洗濯するので最小限

機内に持ち込むもの

布製の大きめバッグ

軽くて丈夫なトート。空港で買った水もひょいっと

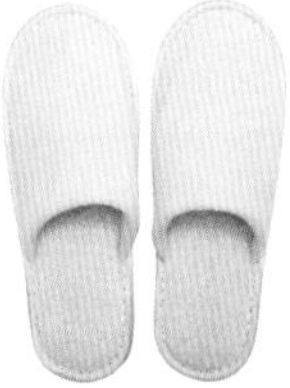

スリッパは使い捨て

100均の使い捨て。帰りの飛行機用はスーツケースに

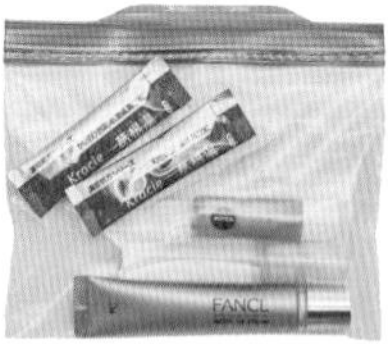

化粧品関係

機内は乾燥しているので、化粧水や保湿クリーム、念のため風邪薬も

大きめのストール

羽織ったり、かぶって寝たり。薄手のウールなら、ホテルの部屋が肌寒いときに毛布代わりにも

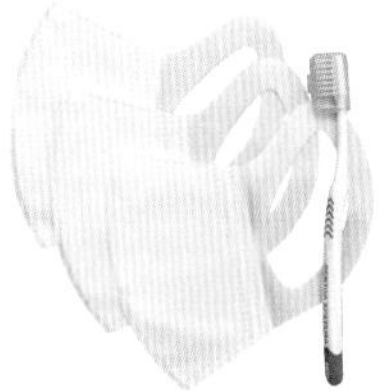

マスクと歯ブラシ

長時間のフライト。マスクは何枚か用意して清潔に

ノートとボールペン

添乗員さんからの連絡は、忘れないようすぐにメモ

軽食

口寂しいときポリポリ食べるのにナッツはぴったり

斜めがけバッグ

肩がこらない小さめサイズ。入れるのはパスポート、財布、カメラなど

美しいものを見に行くツアーひとり参加

北欧オーロラの旅

スウェーデン・ノルウェー・デンマーク

2011年　1月20日〜1月27日（41歳）

ツアー名『憧れのオーロラと沿岸急行船の旅　8日間』

318,000円（ひとり部屋追加料金込み）

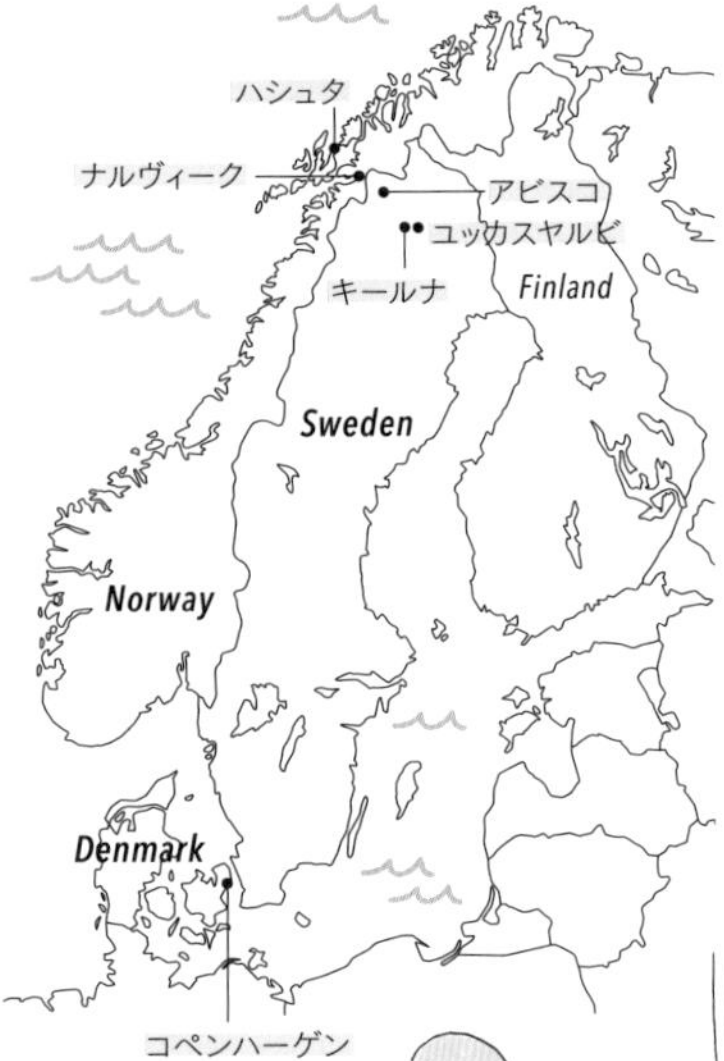

日　程	スケジュール	食　事
1日目	空路、キールナへ。 アビスコへバス移動。オーロラチャンス。	
2日目	ユッカスヤルビへバス移動。アイスホテル観光。アイスファクトリー、ユッカスヤルビ教会。 昼食はアイスホテル近くのレストラン。 アビスコへバス移動。オーロラチャンス。	
3日目	ナルヴィークへ鉄道で移動。 午前、欧州最北鉄道ノールランストーグ号に乗車。ロンバックスフィヨルドの断崖絶壁。 昼食は前菜・魚料理・デザート。 ハシュタへバス移動。オーロラチャンス。	
4日目	海路、トロムソへ。 午前、世界でもっとも美しい船旅「沿岸急行船」クルーズ。 午後、トロムソ市内観光。トロムスダーレン教会、ポーラリア。オーロラチャンス。	
5日目	トロムソ終日自由行動。オーロラチャンス。	
6日目	空路、コペンハーゲンへ。着後、自由行動。	
7日目	午前、コペンハーゲン市内観光。ニューハウン、アマリエンボー宮殿、市庁舎前広場、チボリ公園。解散後、自由行動。 空路、帰国の途へ。	
8日目	成田空港着。	

どこから行こうか。

と思ったときがちょうど冬だったので、まずは北欧にオーロラを見に行くことにする。

オーロラ。

夜空に描かれる自然の絵画。

見てみたいなぁと思いつつ、あきらめていたもののひとつである。

旅行代理店でパンフレットなどを見比べ、年末年始は割高になるので、正月休みが明けてからのツアーを探す。

北欧でオーロラ観賞といっても行き先はいろいろだった。どこがいいのかもわからないので、とにかく「オーロラチャンス！」というのが多いのにする。オーロラというのは、行けば必ず見られるものではなく、天候によっては見られぬようだ。わたしが選んだツアーには、5夜連続チャンスと書いてあった。全日程は8日間である。

さて、旅行当日。

一体、どんなメンバーなんだろう？

旅行代理店の人には、12人くらいのちょうどいいツアーですよと言われていたのだけれど、顔ぶれを見るまではちょっと心配。ドキドキしつつ成田空港の集合場所に行ってみれば、添乗員さんがぽつんとひとり。飛行機のチケットを手渡されたあと、両替の説明を受ければ解散。てっきり、この時点から旗を持って引率されると思っていたが、各自、搭乗手続きをして飛行機に乗り込まねばならない。ぼーっとしていたらいけないんだな、と身が引き締まる。

今回、訪れる国は、スウェーデン・ノルウェー・デンマークなのだけれど、オーロラツアーは、スウェーデン・ノルウェーのみ。デンマークはおまけの市内観光である。

添乗員さんに教えてもらったとおり、成田空港内で日本円をスウェーデン・ノルウェー・デンマークのお金にそれぞれ両替し、ごちゃごちゃにならないよう、3つの封筒に国ごとに入れてもらった。両替所で北欧の物価を尋ねると、

「日本で150円の水が250円くらいかなぁ」

ということだった。

まずは、スカンジナビア航空で11時間ほどかけてデンマークのコペンハーゲンへ向かう。

機内は日本人ツアー客がほとんどで、どこの旅行会社もそろってオーロラ目的である。ツアーの客がまとまって座るとは限らないようで、どの人たちがわたしのツアーメンバーなの

かはまだわからない。全体的に60代くらいの人たちが多いように見えた。

乗り継ぎのためコペンハーゲン空港に降り立ち、ようやく、我がツアーの顔ぶれがわかる。夫婦3組（20代・40代・60代）と女性ふたり組（20代・30代）、わたしと同じくひとり参加の女性（50代）がひとり。バランスのとれた年齢層である。入国手続きはすべて添乗員さんがやってくれるし、乗り継ぎのための移動も団体行動なのでついていくだけでよかった。

コペンハーゲンからスウェーデンのストックホルム空港、乗り継いで同じくスウェーデンのキールナ空港へ。飛行機で一緒だった他の団体ツアーは、乗り継ぎのたびに少しずつ枝分かれし少なくなっていく。わたしたちは、さらにキールナ空港からホテルまでバスで1時間ちょっとのアビスコへ。初日に一番遠くまで行くのがわたしたちのグループだと添乗員さんが言っていた。

真夜中の2時過ぎ、マイナス18度の世界。ホテルに到着したときには、さすがに、みんなげっそり。成田空港での集合時間から計算すれば、すでに26時間が経過していた。一応、この夜が1回目のオーロラチャンスだったのだが、雲も多くて見られないらしく、むしろ、見えなくてありがたい、早く休みたい、という雰囲気だった。

宿泊先の「アビスコ・ツーリストステーションホテル」は、山の上に建っていた。アビスコ国立公園の中にあり、周囲に明かりがまったくないし、オーロラ観測にもっとも適していると言われているのだそう。ホント、雪以外な〜んにもない。

翌日は旅行会社が手配している大型観光バスに乗り、みんなでアイスホテルを観光しに行く。オーロラは夜にしか見られないので、日中はさまざまな観光が用意されているのだ。いわば、オーロラが見られなかったとき用の保険である。

アビスコからバスで1時間。ユッカスヤルビという街にあるアイスホテルに到着。アイス

キールナ空港に真夜中着

「マイナス18度！」と笑い合う

ユッカスヤルビのアイスホテル

観光バスの中はいつもあったか

ホテルとは、その名のとおり氷でできたホテルで、毎年、冬になると観光用に作っているのだという。宿泊することも可能で、部屋も自由に見学できる。各部屋にはトナカイの毛皮を敷いた氷のベッドが用意されていて、「トナカイのけもの臭で眠れない人もいる」とのこと。嗅いでみたらめちゃくちゃ臭かった。

アイスホテルには、氷でできたバーもあり、氷のグラスでお酒も飲めるという。誰かが「氷のグラスは使い捨て?」と聞いたら、アイスホテル内の案内をしてくれていたノルウェー人のウルリカさんという若い女性が、「もちろん!」と、びっくりした顔で笑ったのがかわいかった。言葉はみんな添乗員さんがさくさく訳してくれる。

小一時間ほど自由行動があり、近くのレストランでそろって昼食。なにもかもが準備されているから、時間どおりに集合すればいいだけである。ランチはバイキングスタイル。夫婦は夫婦、友達は友達同士。という感じでバラけてテーブルに着くので、わたしは自然とひとり参加の女性とペアということになり、この旅の間中、よくご一緒させていただいた。感じのいい人でほっとする。

料理は、ノルウェーサーモンや、マッシュルームのスープ、いろんな種類の前菜に、数種類のパン、紅茶、リンゴのデザートなど。クセがなく、日本人にも馴染みの味で、なにを食べてもすごくおいしかった。

午後の3時過ぎには、もう夜のように暗い北欧の冬。夜でなくとも、日中も太陽は顔を出さず、どんよりとした曇り空の生活が春までずっとつづくのだ。

常にマイナスの世界なので寒いのは寒いけれど、しっかり防寒していれば震え上がるというほどでもない。でも、耳あて、もしくは耳まで隠れる毛糸の帽子、手袋は必需品。スーパーで買い物をして、バスでホテルに戻った。


さて、いよいよ、オーロラである。

昨夜につづき曇り空。見えるかな〜、どうだろうね〜。互いに顔も覚えてきて、少しずつ会話も増えてくる。60代のご夫婦が最年長だったが、よく笑う明るい奥さんが、みんなに飴《あめ》などを配って雰囲気をよくしてくれていた。

ホテルの地下には、オーロラを待つための「待機室」がある。広々としたラウンジで、暖房も完備。外の敷地に直接出られるようになっているので、オーロラが見えたら飛び出していくという感じ。宿泊客は、他に外国人のファミリーが少しいたけど、ほとんどわたしたちの貸しきり状態だった。

「今夜は11時から深夜1時の間にオーロラが出るかもしれない」

という添乗員情報をもとにひたすら待つ。けれど午前1時を過ぎても曇り空のまんま。み

キールナの街。午後3時で夜のよう

欧州最北鉄道ノールランストーグ号

夕食は各自部屋でカップ麺など

ランチにノルウェーサーモン

んな8時くらいから待機しているので疲れてきて、最後は誰も喋らなくなった。あきらめて暗〜い雰囲気で解散。2度目のオーロラチャンスも失敗に終わる。

3日目はアビスコの街を後にして、ヨーロッパ最北と言われる鉄道でナルヴィークという街に向かう。乗車した列車「ノールランストーグ号」からはフィヨルドの断崖《だんがい》絶壁を望むことができ、これも今回のツアーの日中のおすすめポイントとしてエントリーされている。この列車でスウェーデンからノルウェーに入るので、使うお金も変わってくる。

朝食のとき
ホットティを水筒に
売店がないので
ガイドさんから
アドバイス

ABISKO TURISTSTATION

ホテルから近いアビスコ・ツーリストステーション駅。
ここから列車でナルヴィークまで

日中、バスの中で
ほっこり

車窓下にはくねくねした海が見える。海というより、陸地にうんと入りくんでいるから太い川のよう。大きな山々が、どすんどすんと空から降ってできたような不思議な地形で、学生時代、さんざん地理のテストに出てきた「フィヨルド」を、今、わたしは見ているんだなぁと思うと、妙に嬉《うれ》しかった。期待以上に美しく、なんか、もうオーロラ見られなくてもこれでいいや、と思おうとしたけどそれは無理だった……。フィヨルドの海は、墨汁を垂らしたような、暗くて重たい色をしていた。

2時間近く列車の旅を楽しんだあと、終点のナルヴィークに到着。行く先々で魔法のように大きな観光バスが用意されていて、わたしたちをエスコートしてくれる。予約されていた市内のレストランで昼食を済ませ、再びバスで2時間かけて宿泊先となるノルウェーのハシュタの街に向かった。

オーロラ観賞をメインにしているツアーには、たいてい夕食がついていない。いつ夜空に現れるのかわからない自然現象である。のんびり夕食を食べている間に見逃す、なんてこともありうるので、そこは自己責任、食べられるときに各自部屋でカップ麺を食べ、観測したいときに観測するという感じである。旅行会社から数日分のカップ麺を持ってくるように言われていたので、わたしも即席ラーメンなどを持参。日本のホテルのように部屋に電気ポットはなく、ホテルにお湯をもらえる場所が用意されているので、カップ麺を食べるときは、そこまでお湯をもらいに行く。カップ麺を持ってうろうろしているメンバーたちに廊下で出くわすと、ちょっと照れくさいのだった。

カップ麺の夕食後は、3回目のオーロラチャンス。

今夜こそ、オーロラは見られるのだろうか？　というか、わたしたちはこの旅でオーロラを見ることができるのだろうか？　みんなの中に焦りの色が出始めている。

地元の人たちいわく、オーロラは早ければだいたい7時くらいから出始め、11時を過ぎるころには見えなくなるらしい。方角も決まっているみたいなんだけど、「あの山の後ろからのぼってくる」とか「あっちの港のほう」などと、ざっくり。「太陽の沈んだほう」という情報を信じるなら西の空だけど、オーロラがどんなふうに、どんな長さで出現するのかもわからず、とにかく言われた側の空を見張っているしかないね、とみんなの意見が一致する。

ホテル付近は明るすぎてオーロラが見えにくいらしく、添乗員さんが用意してくれた「オーロラスポット」の地図をもとに港のほうまで雪の中を歩かねばならない。夜の7時には店も閉まり、人通りも少ない。治安はいいから安全と言われていても、やっぱりひとりで行くのは怖いので、ひとり参加の女性と「一緒に行きましょう！」ということに。

今回は暖かいホテルの中ではなく、雪の中でひたすらオーロラ待ちである。日本から持ってきたすべての防寒具を身につけ、いざ出発。足の裏にも使い捨てカイロだ。

地図に書かれていた港は暗くてひっそり。ベンチがあったので、雪を払いのけ座って待機。雲は多少はあったけど、ところどころ星も見えた。

「どこらへんに見えるんでしょうねぇ」

「あのへんの空かしら？　それとももっと上なのかしら」

見えると教えられていた海のほうを、ふたりでひたすら見つめるものの、わたしたちにはオーロラがどういうふうに出てくるのか見当もつかない。他のメンバーはまだ誰も来ていなくて、我々が一番乗りである。持参した温度計が見づらくてよくわからなかったのだけれど、マイナス10度くらいに見えた。

待つこと40分。

海のほうに、小さく丸い光がぼんやりと見えた。雲だろうか？　それとも錯覚だろうか？

「あれ、オーロラじゃないですよね？」

ふたりでじーっと見る。

「どうかしら、でも、丸いわねぇ、違うんじゃないかしら」

なんて言い合っていると、少しずつ、小さな丸からエメラルドグリーンの光がうねうねと煙みたいに伸び始めた。

「あっ、あれ、やっぱりオーロラじゃないですか？」

「ほんと、オーロラ、オーロラ！」

立ち上がり、手を取り合って喜び合う。ああ、良かった、見られた、小さいオーロラだけど、なんとか見られた。これでツアー料金の26万8000円……いや、ひとり参加は部屋代の追加料金が5万円プラスになるので、31万8000円も無駄にはならなかった、などと、つい思ってしまうわたし。ミニオーロラは5分もすると消えて見えなくなった。

夜のハシュタ。港までオーロラを見に

ハシュタのホテルの朝食

ハシュタからトロムソへは船で

船からの景色。吹雪いていた

しばらくして、ぞくぞくと他のメンバーたちがやってきたときには、自慢しまくる。

「きれいでしたよ〜」

デジカメのかすかなオーロラ写真を見せびらかす（おいおい）。良かったね、とみんな言ってくれるものの、なんとなく悔しそうである。そりゃそうだろう。

でも、また出てくるかもしれない。今度はみんなでオーロラを待つ。しかし、次第に夜空を雲が覆い始め、雪も降ってきた。この天気じゃ無理かもしれない。と、普通なら思うわけだけど、今夜はオーロラを見たふたりがいる、と思うとあきらめきれないのか、誰も帰ろうとしない。ひたすら待っていたら、15分ほどで雪はぴたりとやみ、雲の切れ間から星空が見えてきた。

とそのとき、「オーロラらしきものが向こうに見える！」と他の場所を偵察に行っていた夫婦が呼びに来た。みんな雪の中を前のめりになって歩く。

建物の裏手に出ると、さっきよりも開けた港があり、オレンジ色の街灯が灯るハシュタの街の上空に、すーっと一筋の緑色の光が見えた。オーロラである。

見えた、見えた、すごい、すごい！

メダルを取ったスポーツチームみたいに団結して喜び合う。

エメラルドグリーンの光は、形を変え伸びたり縮んだり。左右に広がるだけでなく、天に向かって光線を放つみたいに大きく高くなっていく。かと思えば、急にぼんやり薄まり、もうおしまいかなと思ったら、再びぐぐーっと濃くなって、四方八方に光の矢を伸ばし始めた。美しいなぁ、不思議だなぁ。

気の毒なのは、ひと組の若い夫婦。まだホテルからここには来ていなかった。彼らだけがこの場の感動を一緒に味わっていないのである。もしかしたら、さっきまでいた港でオーロラを待っているのかもしれない。わたしはひとり走って知らせに行った。でも、誰もいなかった。再びみんなのいる場所に戻ったら、

「人のことはいいから、ほら、ちゃんとオーロラ見とかないと！　せっかくこんな遠くまで来たんだから」

と心配される。それもそうだと思う。そんなふうに言ってくれて嬉しかった。そして、二度と見られないかもしれないオーロラをほっぽり出してでも、「あの若い夫婦にも見せてあげたい」と思った自分の気持ちも好きだと思った。

名も知らぬ人々と見上げるオーロラ。付かず離れず、あれこれ互いのことも詮索《せんさく》せず、なんとなく顔なじみのわたしたち。長く付き合ったら互いの嫌な面も見えてくるのかもしれないが、それぞれ、一週間分の「感じのいい自分」で努力し、適度に助け合い、協力し合って旅をする大人たち。ツアー旅行はツアー旅行なりの収穫もあるんだなぁと思う。オーロラを

満喫し、湯船につかってぐっすり眠った。

4日目はハシュタの港から、トロムソという街まで6時間半の船旅である。朝8時でもあたりはまだ真っ暗。オレンジ色にゆらめくハシュタの街の明かりを船の上から眺めつつ、もう二度と来ることはないのだろうと思う。遠ざかるにつれて街の明かりはどんどんと細くなり、最後は水平線に浮かぶ一本の金色の糸のようになって消えていった。

7階建ての大型旅客船「ノーリース号」は、3フロアーほどが宿泊専用になっており、4階にレストランや軽食コーナー、土産物売り場、最上階が展望フロアーである。船の名の「ノーリース」とは、オーロラのことなのだそう。

船の中は自由行動なので、軽食を取ったり、デッキに出て外の景色を楽しんだり。絵葉書と切手を買って、船のポストからエアメールを送ったりする。旅行のパンフレットによれば、このクルーズは「海のアルプスとも称される1000メートル級の山々が迫りくるフィヨルドや、北極圏の村々の美しい風景をお楽しみください」とのことだけど、途中から吹雪《ふぶ》いてきて視界は真っ白。景色はほとんど見られなかった。でも、ゆうべオーロラを見たと思うと、まぁいいかと思う。重たい任務から解放された〜という感じである。

トロムソ。日中の自由行動。街の橋をひとりで歩いて渡ってみた

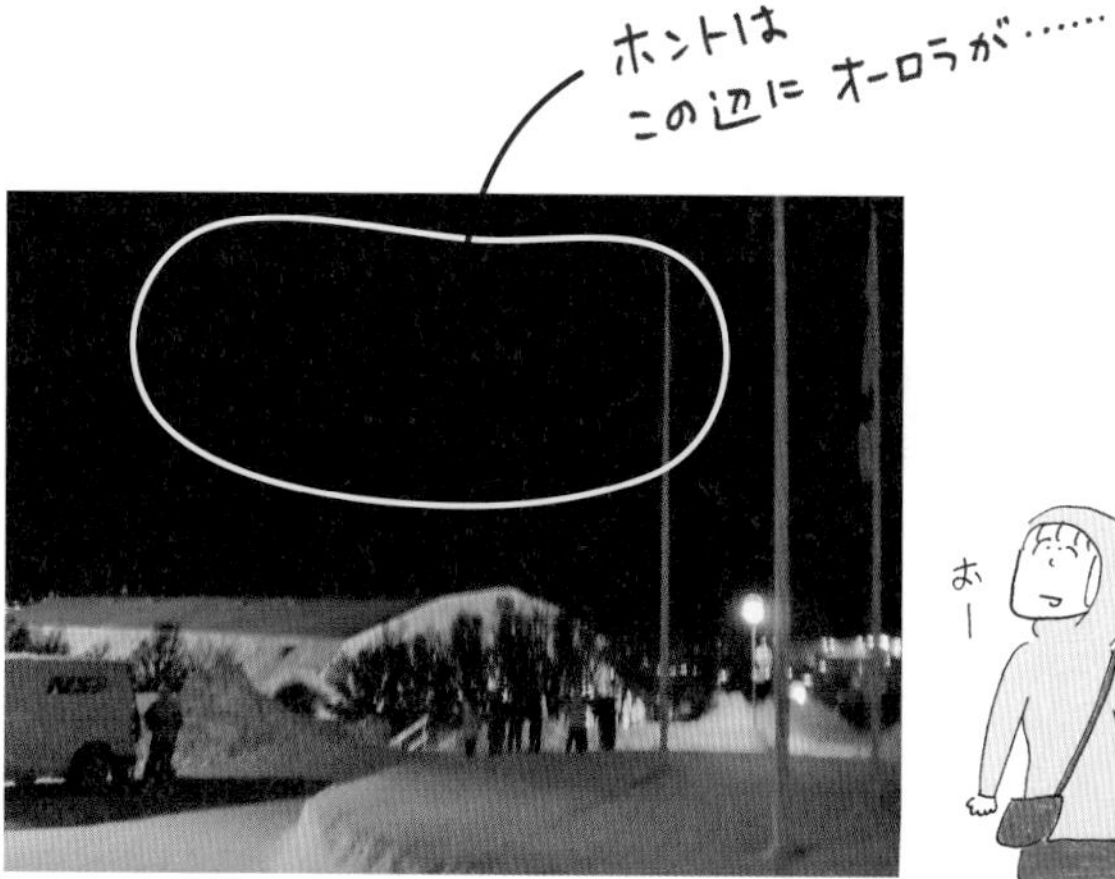

トロムソ。
ホテルの敷地で並んでオーロラの出始めを見る人々。
わたしの安いカメラではオーロラは撮影できず……

船を横切っていく何羽もの鳥たち。

怖くないのだろうか。

羽を休める場所もない海の上。

渡っていくことを怖いと感じることはないのだろうか。

自分は必ずこの海を渡れるんだと自信を持って飛んでいるのだろうか。


目的地のトロムソの街に近づくと沿岸の家々が増え始め、灯った街の光がきれいだった。トロムソは「北のパリ」とも呼ばれている北極圏最大の街だという。

スーツケースを抱えて下船すると、これまた観光バスのお出迎え。しかも、どこに行っても、そのバスには現地の日本人ガイドさんがセットになっていて、わたしたち一行をサポートしてくれる。ツアー旅行って本当によくできているなぁと感心してしまう。

ちなみに、日本から一緒の添乗員さんは、この道数十年というベテランの女性で、場の空気をぱっと明るくするコツを心得ており、これぞプロ！　という感じの人。海外添乗のほうが、国内に比べたらずいぶん楽だと言っていた。国内旅行はツアー客がすぐにあっちこっちに行って困るけど、海外だと自分では帰れないことをわかっているから言うことを聞いてくれるんだとか。なるほど、そうかも。そんな話をみんなで聞くのも楽しかった。

トロムソの教会や水族館などの観光後はバスでホテルへ。この日は4回目のオーロラチャンスだったが、雲が多くあきらめる。すでに一度見ているから、「今日は無理よね〜」とみんなも明るい雰囲気で、まだ見ていない若夫婦だけが蚊帳《かや》の外である。いつの間にか、みんなふたりのことを「新婚さん」と呼ぶようになっていて、呼ばれると返事をしている彼らが微笑ましかった。

5日目は、この旅唯一の終日自由行動。ホテルの近くからバスが出ていて、繁華街まで30分ほどなので、ひとりで出かけてみた。

トロムソの街には飲食店やショッピングストアーが並び、ファッションブランド「H&M」の大きな路面店もある。学生がたくさんいて賑わっているけど、決してごみごみしていない、素朴な街だった。気温は0度程度。今までマイナス18度の世界にいたから寒さもほとんど感じなくなっている。積もっている雪は、さらさらのパウダースノーである。

ガイドマップに載っていた土産物屋に寄ったり、ガイドさんに教えてもらったカフェでランチを食べたり。物価が高いので、サンドイッチと紅茶で2500円くらいする。北欧は英語教育がしっかりしているそうで、お店の人たちはみんなペラペラ。知っている限りの英単語を駆使してなんとかやり過ごす。

小さなチョコレート屋に入って買い物したとき、「ディス　チョコレート　キュート！」（高

スカンディック ホテル トロムソ

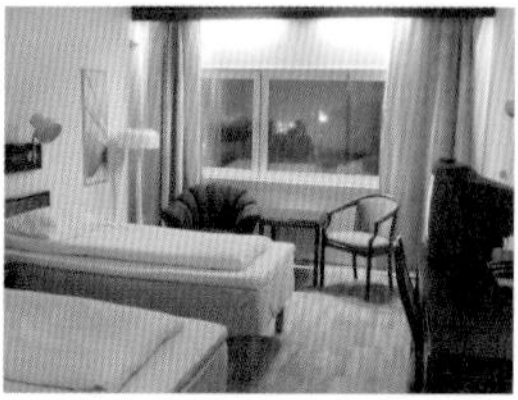
部屋からオーロラが見えることも

「北のパリ」トロムソの街

「イエス、ビューティフル」

校英語ってこんなだっけ……）って言ってみたら、お店の女の人が「サンキュー」と笑い、「わたし、日本に行ってみたいのよ！」と彼女が言った気がしたので、ポケットに入っていた5円玉を「ジャパニーズ ラッキー コイン！」とプレゼントした。とても喜んでくれ、互いに名のり合い、握手して別れる。

　現地の日本人ガイドさんが言っていたのだけれど、ノルウェーは方言がとても多いのだそう。その地方の言葉を大切にする教育を受けていて、「標準語」そのものがないのだという。だからテレビのニュースも方言のままなんだとか。

2連泊となる「スカンディック ホテル トロムソ」というホテルは、小高い山の上にある。市街地が一望でき、街からは少し離れているけれど、周辺には大きなスーパーがいくつもあって便利である。トロムソひとり観光を終えたあと、さらにホテル近辺のスーパーを2時間くらいうろうろしてお買い物。外国のスーパーって、目新しくて本当に楽しい。

旅の間中感じていたのだけれど、こちらが「サンキュー」と言ったあと、必ずお店の人たちが「You're welcome」って返してくれることにホッとした。日本語でいう「どういたし

コペンハーゲンの街

自転車が大好きなデンマーク人

宮殿での衛兵交代

人魚像。ちょっとさみしそう

ましての」みたいなものだから単なる決まり文句なんだけど、海外で言われると、自分がちゃんと歓迎されているみたいに思えて安心する。だから、「You're welcome」って言われたあと、さらに「サンキュー」と返してしまいそうになってしまう。

ホテルに戻ると、他のツアーの日本人観光客がどっさり到着していた。行きの飛行機で一緒だった人たちもいて、「まだ一度もオーロラを見ていない」と話しているのが聞こえた。

それにしても、元気だなぁと思う。そちらのツアー客の大半は60代以上。夫婦もいるけど、女性のグループが多く、ぺちゃくちゃとっても楽しそう。北極圏への旅である。寒いし遠いし、結構ハードなはずなのに、疲れているふうでもなく、「若いうちにしか来られない」と思っていた自分のことを反省する。若いうちでなくても、案外どこにだって行けるのかもしれない。

お決まりのカップ麺の夕食を終え、5回目、最後のオーロラチャンスの夜がやってきた。

ホテル前の敷地からが一番見えやすいということなので、いつでもトイレに戻れると思うと安心である。いっぱい着込んで表に出れば、新婚さんたちが一番乗りで待機していた。

ああ、この子たちにも、オーロラ見せてあげたいなぁ。

「見られるといいね」

と話しかけ、3人で待つ。

星の美しい晴れた夜だった。口笛でも吹きたい気分だけど、エスキモーの人々の言い伝えによると、オーロラに向かって口笛を吹くと、オーロラにさらわれてしまうのだそう。

10分ほど市街地側の空を見張っていたが、もしかしたら、もっと脇のほうに見えることもあるのかな？　と思い、ホテルに向かって左手のほうにひとりてくてく歩いてみる。空をじーっと見ていると、なんとなく丸い小さな光。

あれ？　これってもしかして？

急いでふたりを呼びに行く。

「違うかもしれないけど、オーロラかも！」

どうかオーロラであってくれ～と見ていたら、この前と同じく、ぼんやりとした光から、湯気のようにエメラルドグリーンの光線が伸びていった。

あっ、オーロラだ！　小さいオーロラだったけど、3人で大喜びする。良かったねぇ、見られたねぇ。わたしたちが大騒ぎしていると、ホテルの部屋からこちらの様子を見ていた人々がぞくぞくと表に出てきた。

ミニオーロラはすぐに消えてしまったけれど、直後に市街地側の空にとても大きなオーロラが見え始めた。わぁっと歓声があがる。わぁっというより、きゃーっという感じ？　この前は10人で見たけれど、今回は他のツアー客も一緒だから大騒ぎである。さっき日本から到着したばかりという団体もいて、彼らは初日にいきなり見られたということになる。そのせいか、オーロラのありがたみをちっともわかっておらず、10分くらい観賞したあと、「そろそろご飯にしましょう」と食事に行ってしまった……。昨日、帰っていった別の団体さんたちは、結局、オーロラは見られないままで残念そうだったなぁ。こればっかりは運である。

この夜のオーロラは3時間くらい見えていただろうか。カーテン状になったり、上下二重になったり。とても立派だった。赤いオーロラもあるようだが、それはめったに見えないらしく、基本はエメラルドグリーンである。北斗七星のある北の方角にも出るし、もう少しずれても見える。地元の人たちが、「だいたい街のほうに出る」みたいにアバウトに言う理由がわかる気がした。東西にかけて見えるという感じだろうか。わたしたちのグループ12人だけが、最後まで残って空を見上げていた。それが、青春っぽくてなんだか良かった。

6日目、朝。トロムソ空港から飛行機に乗り込む。

さようなら、ノルウェー。

オーロラ観賞はここでおしまいである。飛行機はデンマークのコペンハーゲンへと飛び立った。あまり高度を上げない小さな飛行機なので、窓の下の雪山がよく見える。しばらくすると山はなくなり、フィヨルドの地形が広がり始めた。散らばったジグソーパズルみたいに雪の陸地が海に浮かんで見える。あんまりきれいなので、隣に座っている太った外国人のおじいさんに「ビューティフル！」と同意を求めてみたら、「イエス、ビューティフル」と真顔で言われ、その後、話すこともないから（できないから）気まずい雰囲気。余計なことをしてしまうわたし。

途中、乗り継ぎのためトロンハイム空港に降りたとき、誰かが

「あっ、太陽だ！　嬉しい」

と言った。本当だ、太陽、ずっと見ていなかったんだった。トロムソからコペンハーゲンまでは約4時間半。コペンハーゲンは、ノルウェーやスウェーデンに比べると気温も高く、東京の真冬くらいだった。

コペンハーゲン市内のホテルに到着したのが3時過ぎ。荷物を置いたあと、添乗員さんとともに、みんなで繁華街までぞろぞろと歩く。街には自転車専用の道路が設けられていて、たくさんの人が利用している。デンマーク人は自転車が大好きなんだとか。びゅんびゅん飛ばして、とても気持ちよさそうだった。

繁華街で解散し、ここからは自由行動。渡されたガイドマップを手に、ひとり散策する。

今まで、オーロラが見えるような田舎町にいたせいか、急に都会にやってきて人の動きが速く見えた。

ハンバーガー屋やカフェ、イルムスという北欧インテリアのデパート、食器のロイヤルコペンハーゲン本店などが歩道の両脇にびっしりと並んでいる。

雑貨屋で土産用に木のスプーンを10本買ったら、レジのお兄さんが「3・3・3・1」というふうに数えていた。日本では「2」の倍数で数えるんだよ、と話しかけてみたかったけど、これは英検何級レベルなんだろう？　などと思っただけ。

やっぱりデンマーク名物の「デニッシュ」を食べねばと、イルムスの1階にあるカフェでコーヒーとともに注文。「コーヒー　アンド　ディス」と言ったあと、ショーケースのデニッシュを指差せばわかってくれた。食べたシナモンデニッシュは相当、甘かった。

夕飯はパンでも買ってホテルで食べようかなと思っていたけど、この日はわたしの42歳の誕生日。せっかくだしと、ちょっと洒落たカフェに入りシーフードサンドイッチを注文。パンが見えなくなるくらい具をのせるのがデンマークのサンドイッチで、「スモーブロー」と呼ばれている。

ふと思う。「お誕生日おめでとう」って誰にも言われなかったのは生まれて初めてだ。持参した携帯電話は海外対応にしていないし、コペンハーゲンの繁華街にいるわたしに「おめ

ウールのくつ下とマフラー
ノルウェー土産

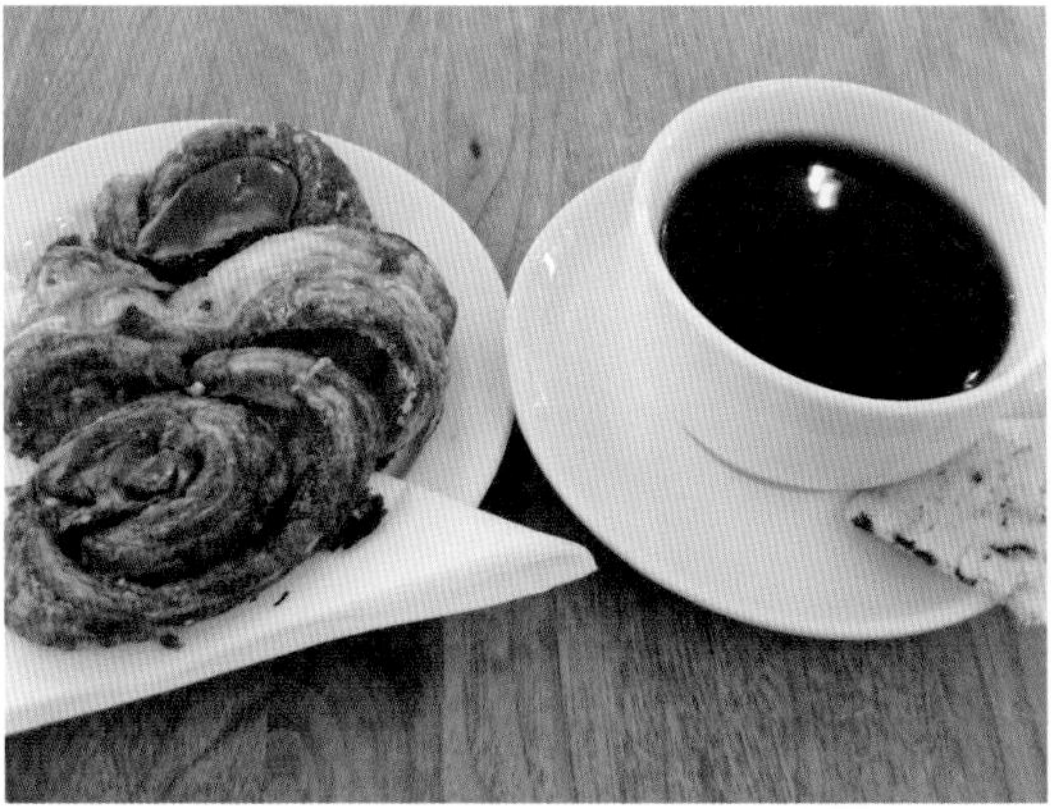

コペンハーゲンで食べたシナモンデニッシュ

土産物屋に
たくさんいた

でとう」と言ってくれる人は誰もいない。でも、まぁ、こういう年もあるだろう。おめでとう、自分！　心の中でお祝いする。スモーブローはおいしかったけど、量が多くて食べ切れなかった。

旅の最終日は、観光バスで人魚像を見たり、宮殿での衛兵交代を見たり。午後にはコペンハーゲン空港から、再び11時間かけて日本へ。機内からオーロラが見られることもある。そう聞いていたので、気にして窓の外を見ていたら、なんと、オーロラ、見えたのである。うーんと横に長いオーロラ。濃くなったり薄くなったりするのは地上から見たのと同じだった。何時間くらい見えていただろう？　4時間くらいは見えていたような気がする。

日本に帰ってオーロラの本を読んでいたら、土星や木星にもオーロラは存在するんだとか。酸素のない土星や木星では、水素の発光するピンク色のオーロラが出るらしく、これは見方を変えると、地球のように酸素がある星ならグリーンのオーロラが見えるということ。広い宇宙に点在している星々の、そのオーロラの色を観測できれば、植物がある星かどうかわかってしまうなんて、なんだかロマンチックだなぁ、なんて思った。

こうしてわたしのオーロラ観賞ツアーも無事に終了。見たかったもののひとつがまずは見られた。成田空港に到着後、携帯の電源を入れたら「誕生日おめでとう」と妹からメールが届いていた。ツアーのメンバーは、成田空港に到着後は、これといった挨拶もなく、てんでバラバラになって解散。あっさりしていて、面白かった。

さて、次はどこになにを見に行こうか。

わたしの旅ははじまったばかりである。

参考資料　赤祖父俊一『オーロラ　その謎と魅力』岩波新書

ハシュタで
初オーロラ
わたし
あれ、
同じツアーの人
オーロラっぽくないですか？
白いもやもや
海
うーん
どーかなー雲かなーけむり？
時間とともに少しグリーンに
たぶんオーロラ？
オーロラだ!! きれい!! たぶん
観たということにしたい強い気持ち……
たぶんそうですよね
そうですよたぶん

オーロラツアー
夜のホテルで
カップ麺を手に
うろうろ

スーパー重ね着
オーロラ観賞のときの服装（ウールの下着）
（ノースリーブのフリース）
（長そでの薄手のフリース）
（防風の厚手のフリース）
（防風・防水の上着）
（ウールのくつ下と厚手の手袋）
（ストレッチパンツに巻きスカート）

（防風・防水のズボン）
（ゴアテックスのくつ）
（帽子、耳あて）
着るだけでも結構大変
もっこもこ
でも、着てしまうと〝守られ感〟があり
なんか、今、
すごい強くなった気分
うん
筋肉いっぱいある人も、こんな気分なのかな？
なんて思ってしまった

着替えや
化粧品の他に
必ず持っていくもの

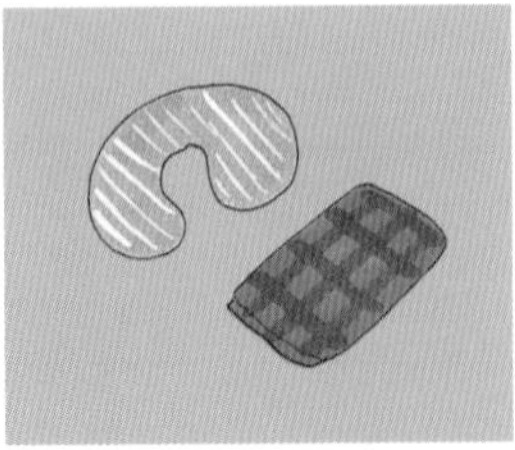

ネックピロー　ストール

ツアー旅行は長時間のバス移動も多く、車内の快適さも重要（観光中は車内に手荷物が置ける）。体温調整にストールは必需品

ジップロック 大小

旅の途中で買ったおやつを入れたり、レシートの整理、お土産のポストカード、洗濯物など、何枚か持っていくと役立ちます

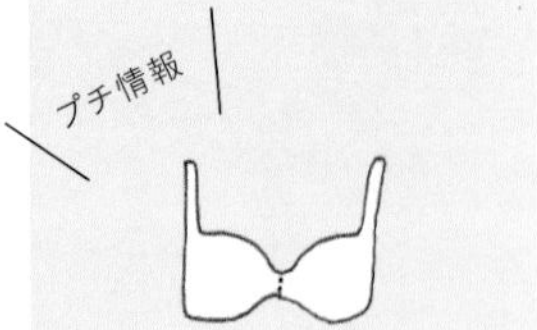
プチ情報

ブラ事情

飛行機での長いフライト。睡眠も確保しておきたいので楽な下着に。フロントホックのブラはひょいっと外せるので便利です

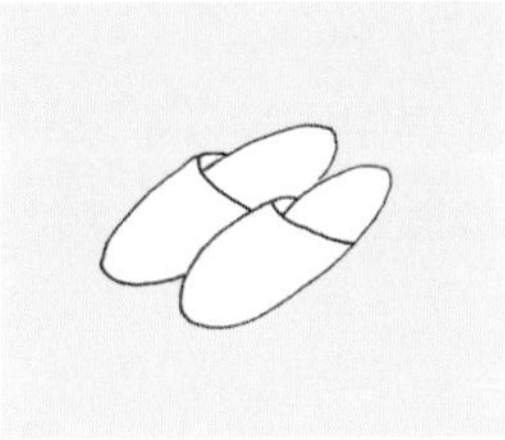

スリッパ

100 均の使い捨てスリッパは計3つ。飛行機の往復に二足。ホテルの部屋用の一足も最終日に処分して帰ります

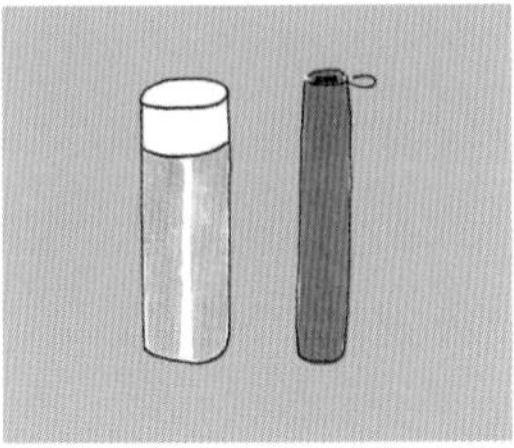

水筒　折り畳み傘

寒い季節の旅ではバスで飲みたい温かい飲み物。朝食時にお湯をもらって。傘はモンベルの超軽量「トラベルアンブレラ」86g

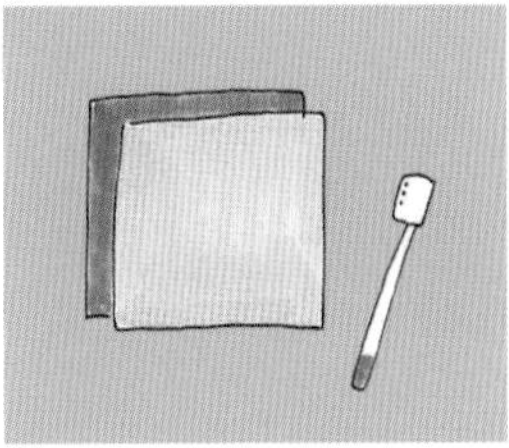

麻のハンカチ　歯ブラシ

すぐに乾く麻のハンカチは重宝。大判なら首に巻いてスカーフ代わりに。歯ブラシはランチ後すぐに磨けるように一本持ち歩きます

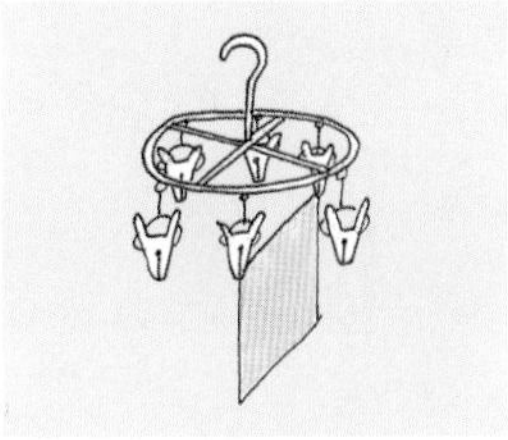

ミニハンガー

下着やハンカチは、毎晩のシャワーのときにさっと洗って干しておきます。洗濯バサミが 6 個付いていれば案外、余裕です

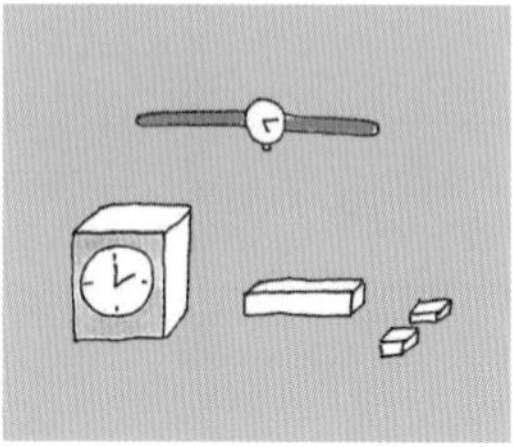

腕時計　目覚まし　のど飴

団体行動は時間厳守。腕時計は必需品。ツアーだとモーニングコールをしてくれる場合も多いけど、一応、目覚ましは持参

風邪薬　予備のメガネ

風邪のひき始め用に葛根湯を持っていきます。メガネは紛失したとき困るのでスーツケースに予備をひとつ入れておきます

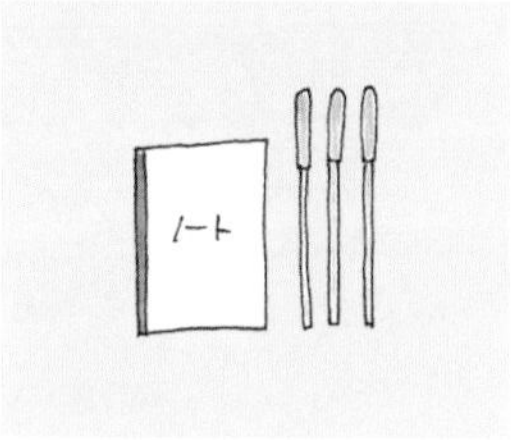

ミニノート　ボールペン

集合時間や場所を記入することも多いツアー旅行。ボールペンは数本、いろんな場所に入れて。ミニノートは日記代わりにも

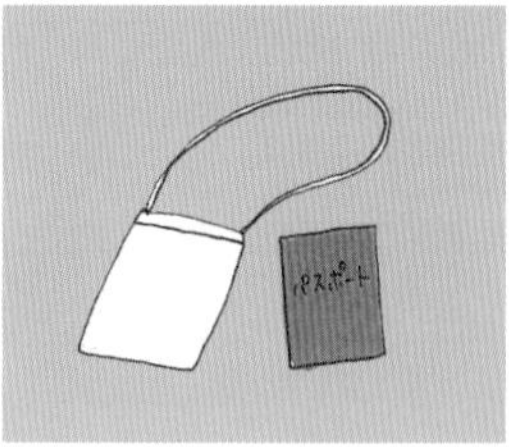

パスポートケース

財布をなくしても、パスポートさえあればなんとでもなるのがツアー旅行。綿素材のケースに入れて首からかける派です

旅行の準備は
イッキにせず、
10日くらい前から
そろったものを
ポイポイ入れておく

旅の失敗

昔、知り合いたちと
ラスベガスに旅行したとき……

ホテルの部屋でパスポートがないことに気づく
ない!! おなかに巻いておいたのに!!
やばい どっか落としたか
わたしだけ帰れない――っ
トイレの便器にありました
巻いてたのトイレんとき落ちたんだ――っ
ヒーッ

流したあとに
落として助かった……
あとでゾッとしました

パスポートと
お金は広げて
乾かした（使えた）

クリスマスマーケットの旅

ドイツ

2011年　12月1日～12月5日　（42歳）
ツアー名『ドイツクリスマス早めぐり5日』
165,900円（ひとり部屋追加料金込み）

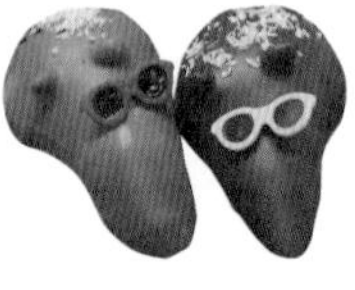

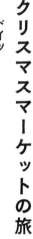

日　程	スケジュール	食　事
1日目	空路、フランクフルトへ。 市内レーマー広場で開かれているクリスマスマーケットを楽しむ。	
2日目	朝、ローテンブルクへバス移動。 市庁舎、聖ヤコブ教会、ブルク公園など旧市街の見どころをめぐる。クリスマスグッズ専門店「ケーテ・ウォルファルト」。マルクト広場のクリスマスマーケット。 午後、ニュルンベルクへバス移動。 カイザーブルク城、美しの泉、聖セバルドゥス教会など市内観光。クリスマスマーケット。	
3日目	朝、シュバンガウへバス移動。 昼食はジャーマンステーキ。 午後、ノイシュバンシュタイン城見学。 シュトゥットガルトへバス移動。世界最大規模を誇るクリスマスマーケット。	
4日目	フランクフルトへバス移動。 空路、帰国の途へ。	
5日目	成田空港着後、解散。	

なにで見たのかは忘れたのだけれど、ドイツのクリスマスマーケットの写真がとても美しかったのである。

夜空の下、広場に並んだたくさんの屋台。その屋台のオレンジ色の灯りの中で、クリスマスツリーに飾るためのオーナメントの買い物をしている人々。

この光景の中にわたしも立ってみたいなぁ。

そう思っただけで、「いつか、絶対」みたいな気持ちはなかったのだけれど、ひょっとして、ツアーとかあるのかな？　と旅行のパンフレットを見てみたら、『ドイツクリスマス早めぐり5日』という字が飛び込んできたのだった。

ドイツ3泊5日。

温泉旅行くらい気軽な日程である。木曜日に出発し、月曜日の朝には帰国。年の瀬の何かと慌ただしい季節ではあるけれど、でも、これなら行けないこともない。えいっと予約を入れたのだった。

12月初旬。

朝5時起床、成田エクスプレスに乗って成田空港へ。

ツアーカウンターで受け付けを済ませたあと、両替所で日本円をユーロに換えておく。オーロラ旅行のときに経験済みだから慣れたものである。

前回同様、このツアーも、各自、指定の時間に飛行機に乗り込み、現地の空港に到着後、同行の添乗員のもとに集合するという流れである。のちほど会うことになるツアーカウンターの添乗員さんの顔をしかと覚えておく。

成田から、ドイツのフランクフルト空港までは約12時間。550人乗りの巨大な2階建ての飛行機は、ほぼ満席だった。座席は通路側でホッとする。トイレに行ったり、こまめに立ってストレッチしたりするには通路側のほうがやっぱり便利である。

「トイレのときは、遠慮なく声かけてくださいね」

搭乗後、真っ先に隣の席の若い女性に笑顔で一声。これから12時間も隣にいる人である。飛行機が落ちるようなことがあった場合は、並んで運命をともにする人でもある。取りあえず挨拶くらいはしておきたい。同じツアーの参加者だとわかり、そのお隣にはお母さんが座っていた。ふたりは機内食を交換し合って食べるなど、すごく仲良しだった。

成田を午前10時25分に出発し、フランクフルトに到着したのが午後2時過ぎ。待ち構えていた大きな観光バスにぞろぞろと乗り込んだ。今回のツアーは36人の大所帯である。

早速、バスはフランクフルトのクリスマスマーケットへ。日本から同行の添乗員とは別に、現地のガイドが必ず行く先々でバスとセットになって待っている、というのはツアー旅行のお決まりのようである。

「いろんな種類のソーセージがありますが、食べたいのを指で差せば大丈夫ですよ」

バスの中で現地の日本人ガイドさんから屋台の説明がある。

この『ドイツクリスマス早めぐり5日』のツアーは、ドイツの4カ所のクリスマスマーケットをめぐるという趣旨のものであるから、夜は各自、クリスマスマーケットで夕食を取ることになっている。いわば、屋台料理を立ち食いするツアーでもあるのだ。

バスは会場になっているクリスマスマーケットの広場に横付けされた。夜になるまでには少し時間があったので、そこまで混んではいないとのこと。

「それでは、2時間後にこのメリーゴーラウンドの前に集合してください」

添乗員さんの合図とともに、わたしたちは一斉に放たれた。

ツリーのオーナメントを売る店、いろんな種類のお菓子やパンの店、文房具、キャンドル、帽子、おもちゃ屋。どの屋台も飾り付けがかわいらしくてウキウキする。広場はとても広いのだが、迷子になるような複雑さではない。

さて、まずは腹ごしらえ。人気のありそうなソーセージの屋台を探して接近する。鉄板では何種類ものソーセージが焼かれていた。長いのは、50センチくらいある。

あんなに長いソーセージをどうやって食べるんだろう？

注文している若者を見ていたら、すごい長いままパンに挟んで手渡されていた。両端からソーセージがにゅっと飛び出しているホットドッグである（店によっては、ぽきぽき折って挟んでいた）。

どんな味かわからないので、まずは普通サイズの白いソーセージを食べてみることに。お

熱々のソーセージ

フランクフルトのクリスマスマーケット

星をくれたお店

チョコの中はいちごやぶどうなど

店の人に「これこれ」という顔で指差せばわかってもらえた。日本円で300円ほど。ケチャップやマスタードは屋台の前に置いてあり、各自自由に使ってよい。巨大なポンプ式の容器に入っている場合は、それをプッシュして使うシステムだ。わたしはマスタードを少しかけてみた。

パリパリに焼けたソーセージを一口かじる。パリンッと音がして、じゅわ〜っとジューシーな脂が口の中に広がった。

なにこれ、めちゃくちゃおいしい！

あまりのおいしさに、「クリスマスマーケット、またいつか来たい！」などと、来たばかりなのに思ってしまうわたし。ソーセージ自体にしっかりと味があるので、ケチャップもマスタードもいらないくらい。

おなかも満たされ、今度は買い物へ。外の気温は10度。本当ならもっと寒いらしく、たまたま暖かい日がつづいているときに来たみたいだった。文房具のお店にかわいらしいポストカードがあったので、何枚か買う。ニコニコ笑ってお金を払うと、お店の女性がおつりと一緒に、小指の爪ほどの金の星の飾りをくれた。

「ラッキー」と「ユー」という単語が聞き取れたので、「あなたに幸運を！」みたいなことを言ってくれたのだと解釈する。とても幸せな気分になる。しばらく手のひらの上の星を見つめていた。そして、その幸せな気分のまま、ぬいぐるみを売っている屋台で買い物をしたら、おつりをちょろまかされる。ああ、わたしの幸運が……。

革の手袋の屋台はデザインも色もサイズも豊富で、自分用と実家の母に買うことにする。ひとつ２０００円くらい。

はて、母の手ってどれくらいの大きさだっけ？

店先で悩んでいたら、お店の女性が「相談にのるわよ？」みたいに声をかけてくれた。接客はほぼ英語である。

「マイマザー　プレゼント」

わたしが告げると、

「わたしの手くらい？」

みたいなことを彼女が言って、自分の手のひらを見せてくれた。ちょうど母と同じくらいの60代後半の女性だった。

「そんなに大きくないです」

ということを失礼にならぬように伝えるための英語がわかるはずもなく、うやむやに返事をしつつ、紫色の手袋を購入。笑顔で店を後にする。

母の手のサイズとは違っていたけれど、彼女の手はわたしの母の手と似ていた。ちょっと

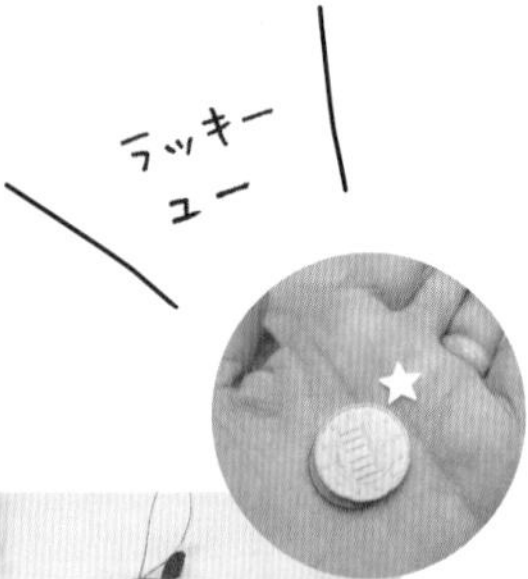

買ったものはその日の夜にベッドに並べて撮影しておくと、
時間の流れがあとあとよくわかる。
お土産は渡したあと、
手元に残らないので記念にも

センチメンタルな気持ちになる。

いつの間にか日は暮れていた。ドイツの冬は夕方の5時でもすっかり夜のよう。

夜空の下、広場に並んだたくさんの屋台。その屋台のオレンジ色の灯りの中、クリスマスツリーに飾るためのオーナメントの買い物をしている人々。

気がつくと、いつか写真で見た美しい光景と同じになっていた。こんなに簡単に、あの場所にわたしは立っていたのだった。


各旅行会社が企画している『クリスマスマーケットめぐり』のツアーの中には、「クリスマスマーケットまで徒歩圏内のホテルをご用意」とうたっているプランもあったのだが、今回、わたしが参加するツアーは、すべて「徒歩圏外」のホテルばかり。そういうところが価格の安さの所以《ゆえん》なのだけれど、添乗員さんいわく、

「郊外にできた新しいホテルのほうが、部屋も広いし、バスタブもあるし快適ですよ」

とのことだった。

確かに、ホテルはきれいだし部屋も広い。でも、今度来るなら、ひとつくらいは徒歩圏内のホテルがあるプランにしたいなと思った。好きな時間に宿に戻り、ちょっと休んでまたク

リスマスマーケットに遊びに行く、みたいなこともやってみたい。バスで連れられていったフランクフルトの宿泊先は、市街地から離れた黒い森の中にあるホテルだった。

7時過ぎにはチェックインし、お風呂に入ってすぐにベッドに横になる。

そして、クリスマスマーケットの屋台でおつりをごまかされたことについて考えた。

4・5ユーロと書かれた紙の前に並べられていた小さなぬいぐるみ。それは動物の「なまけもの」のぬいぐるみだった。「なまけもの」のぬいぐるみって珍しいなぁと思い10ユーロを渡して買ったんだけど、いくら待っても屋台の女性はおつりをくれなかった。

「ディス 4・5ユーロ？」

と聞くと、10ユーロだと言う。でも、10ユーロなんてどこにも書いていない。その隣のコーナーは6ユーロなのだ。わたしが「えっ？」みたいに驚いていたら、女性はさっさと次の客のところに行ってしまった。

ほんの500円ほどの損なのだけれど、なんだかモヤモヤ。今日会ったやさしいドイツ人を思い出して寝ることにする。

星をくれた女性。

手袋屋さんの母の手に似た人。

じゃがいもフライの屋台のニコニコ顔のおじいさん。

ホテルのフロントで切手を買ったとき、こっそりリンゴを1個サービスしてくれたダンディなスタッフ。

ドイツ2日目は、昼夜、ふたつのクリスマスマーケットをめぐることになっており、まずはローテンブルクのクリスマスマーケットへ。フランクフルトからバスで3時間の移動である。窓の外の景色を眺めつつ、同行の添乗員さんの話に耳をかたむける。

たとえば、こんな話。

ドイツの冬は日本海側の東北の冬に似ていて、ドイツ人は朝っぱらからソーセージを食べているわけではなく、朝食はパン、バター、ジャム、ヨーグルトなどで、年末には街のあちこちで花火をあげる風習があるから店で花火を売るんだけど、普段は空気も乾燥しており森も多いので花火は売っていないそうで、高速道路はトラック以外は無料、そのトラックも日曜日は走ってはいけないらしく、ビール大国であるドイツは、ビール法により水と麦芽とホップ以外でビールを作ってはいけないとか、ドイツ人でもお酒に弱い人はいる、などなど。

途中、何度かトイレ休憩もあるのだが、なにせ36人の大所帯。うち約30人が女性である。高速道路の休憩所のトイレの数を考えると、のんびり並んでいたら最後尾になり、寒空の下

ローテンブルクのクリスマスマーケット

スノーボールはサクサク

ニュルンベルクのクリスマスマーケット

ニュルンベルガーソーセージ

で10分、15分待つハメになる。次第に、バスが停車したとたん、みな走ってトイレに向かうようになり、旅の間中、女同士のトイレバトルが繰り広げられていた。

トイレといえば、「クリスマスマーケットで2時間自由行動」という場合でも、そのうちの30分は「トイレ」のために取っておくことになる。トイレが混んでいたら集合時間に遅れてしまうし、でも、あんまり早めに済ませてしまうと、バスの中で尿意をもよおしてしまうかもしれない。トイレ、トイレ、トイレとこんなにトイレに振り回されるのなら、いっそ紙おむつの用意をしてくれればよかったと真剣に思ったほど。

城壁でぐるりと取り囲まれているローテンブルクは、中世の面影が残っている絵本の国のような街である。ドイツの地名に多い「ブルク」とは「城塞《じょうさい》に囲まれた」という意味なのだそう。

市庁舎前でクリスマスマーケットが開かれていたけれど、小規模なものだった。屋台の数は30店くらいだっただろうか。そのこぢんまりした感じが街の雰囲気にとても合っていた。合っていたけど、クリスマスマーケットは、やはり昼間より夜のほうが、断然、美しいので、夜の風景も見てみたかったなぁと思う。古い石畳に屋台の灯りが落ちれば、さぞかし幻想的なことだろう。

ローテンブルクには、一年中クリスマスグッズを販売している大きな専門店があり、これがなかなか楽しくてお土産などあれこれ買い物をする。

ローテンブルクは「スノーボール」というお菓子が名物だそうで、屋台ではないお店で買って食べてみた。クッキーのようだが、油で揚げてあり、サクサクしている。

昔、ミスタードーナツでバイトをしていたとき、このお菓子が店頭に並んでいたことがある!!

ということを、ふいに思い出すものの、伝える人がいないので地味にひとり

で興奮する。ローテンブルクのお菓子とは知らなかったなぁ。

「スノーボール」を食べつつ街を散策していたら、あるものを見つけて立ち止まる。

「あれって、ビルケンシュトック?!」

日本でも人気のドイツ靴のメーカー「ビルケンシュトック」が、街の小さな薬局で売られていたのである。確かに健康靴と呼ばれてはいるけれど、日本でならデパートに並んでいるような高級品である。なのに、ローテンブルクでは薬局の隅のほうにざっくりと置いてあった。もう、本当にざっくりと。ちょうどセールになっており、日本で3万円近くするのが1万円くらいで買えたのだった。

ローテンブルクを後にし、バスは1時間半ほどでニュルンベルクに到着する。待ち受けていた現地の日本人ガイドさんが1050年に創建されたというお城、カイザーブルク城まで一同を案内してくれたのだが、観光というより、カイザーブルク城のトイレを借りに行く、という感じ。

ただ、お城はニュルンベルクの街を一望できる高台にあったので、全員のトイレが済むまでしばし街並を眺めることができた。レンガ色の屋根のかわいい旧市街地。大勢の観光客がその景色に見入っていた。もっとゆっくり見ていたかったけれど、ツアー旅行は常に時間に追われている。特に今回はドイツに3泊5日という弾丸ツアーである。

「そんな旅行じゃあ、なにも見たことにならないよ」
という意見もあるのかもしれない。だけど、なにかは残っているはず。なにも見たことにならない、なんて誰が決めるんだろう？

ニュルンベルクの名物といえば小さな焼きソーセージである。その名も「ニュルンベルガー・ブラートヴルスト」。ガイドブックにも必ず紹介されている。ちなみに、ヴルストはソーセージという意味。人さし指くらいの小ぶりなソーセージで、ハーブが入っているのだという。

屋台で絶対に食べよう！

楽しみにしていたので、解散後、心弾ませながら歩き始める。ニュルンベルクのクリスマスマーケット内の自由時間は2時間半である。

屋台の数は約150店。ぎっしりとひしめき合っている。ニュルンベルクの子供向けのクリスマスマーケット広場がかわいいとガイドさんが言っていたので、メインの広場から少し離れているそちらのほうへも行ってみる。

遊園地みたいにいろんな乗り物があって、キラキラと電気が灯ってまぶしいくらい。それらをぐるりと囲むように屋台が並び、人だかりができているソーセージの屋台があった。

「ニュルンベルガー・ブラートヴルスト」は、必ず3本セット。パンに3本の焼きソーセージを挟んで手渡される。400円くらいだっただろうか。よく焼いてあるのでカリッとこうばしく、ハーブの香りでさっぱり。ものすごくおいしかった。あんまりおいしいので、別の店でももうひとつ食べてみる。またまたおいしかった。添乗員情報によると、ニュルンベルガーソーセージと呼ばれるには、材料、塩かげん、長さにいたるまで厳しい決まりごとがあるのだそう。ソーセージの組合があるので、偽物のニュルンベルガーソーセージは、クリスマスマーケットでは売られていないということだった。

ニュルンベルクのクリスマスマーケットは繁華街の中心にあり、デパートや商店街などでも買い物をすることができる。お土産にビールでも買おうとショッピングセンター内のスーパーにも行ってみた。ビールは水より安いと聞いていたけど、本当に水より安かった。かわいい瓶入りのビールは1本100円ほど。60円くらいのもある。どれがいいかなあ。棚いっぱいにずら〜っとビールが並んでいて迷ってしまう。重いので2本だけ買う。あとは帰りにフランクフルト空港で買えばいいやと思っていたのだけれど、空港では結局、瓶ビールは売っていなかった。欲しいときに買っておく。海外旅行の鉄則である。

レープクーヘンという、平べったいクッキーもニュルンベルク名物で、ためしに屋台で1

枚買って食べてみた。しっとりとやわらかく、シナモンなどの他にもなにか独特の香辛料が利いていておいしかった。昔、ニュルンベルクは香辛料で栄えた街でもあり、そのせいでこうしてお菓子にもふんだんに使われるのだという。翌朝、ホテルの朝食ビュッフェにレープクーヘンが並んでいた。

ドイツ最後の夜は、世界最大のクリスマスマーケットと言われているシュトゥットガルトのマーケットである。その前に、シュバンガウにある「ノイシュバンシュタイン城」の観光が盛り込まれているので、早朝から4時間のバス移動である。

バスに乗ると、はじめに添乗員による「忘れ物チェック」が必ずある。パスポートは持ちました？　デジカメはありますか？　メガネは大丈夫ですか？　あとから忘れ物を取りに行く場合は、手数料としてお金をもらってますのでお気をつけください。5分くらいそういう話がつづくので、だんだん自信がなくなってくる。カバンや洋服のポケットなど、バタバタと触って確かめる。

それから今日一日の流れの説明があり、添乗員さんによるドイツ豆知識。

ドイツ人が一番お金をかけるのは家なのだとか、旅行好きな人々であるとか、特に団体旅

ニュルンベルクのクリスマスマーケット

生活道具も売ってます

アイシングクッキーや甘いナッツのお店

食べたいものを指で差せばOK

チョコの中はなんだろう？
形からして洋梨？

ディスプレイも楽しい

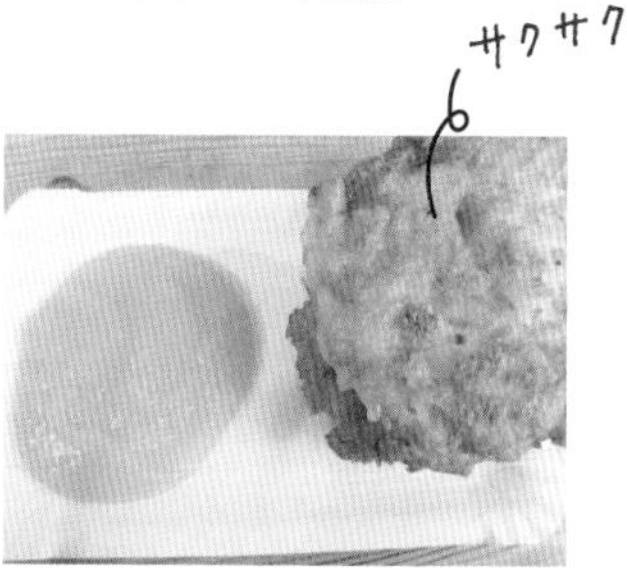

揚げたポテトにアップルソース。
おいしかった！

シュトゥットガルトにはスケートリンクも

シュトゥットガルトのソーセージ屋台。
おそろいの赤い帽子

屋台の上にも物語

行が好きだとか、労働基準法が厳しいので残業はなく、日曜日は必ず休まなければならないとか、そういう話。結構、楽しくて聞き入ってしまう。

それが終わると、体力温存のための睡眠タイム。途中、トイレ休憩で女のバトル。再びバス。だいたいこんな感じ。

しばらく寝ていたら、

「はい、バスはこうしてロマンチック街道を進んでいるわけですが」

添乗員さんが言ったセリフに「エッ？」と目が覚めた。バスが、ロマンチック街道を走っていたことを初めて知った。

ロマンチック街道というものは、どんな街道なんだろう？

日本で耳にするたびにそう思っていたのである。道路わきに、童話の登場人物の像でも立っていたりするのだろうか？　それとも、お花畑の中の一本道だったりするのだろうか。

しかし、こうして来てみれば、窓の外には銅像もお花畑もなかった。のどかな田園風景である。

ロマンチック街道とは、中世時代の面影を残した街道で、戦後、街おこしの一環として、観光客を呼ぶために道に名前を付けたんだとか。何枚か写真を撮る。バスの中の人々の大半はぐーすか眠っていた。

シュバンガウに到着後、昼食まで小一時間ほど自由時間があり、お土産を買ったり、湖のほとりを散策したり。お城の観光は昼食後である。

わたしは軽く緊張していた。

と、旅行日程表に書いてあった。今回、初めて全員そろってのレストランでの食事である。

(昼食はジャーマンステーキをお召し上がりください)

一体、どういう配置で座るんだろう?

長いテーブル席にずらっと座る場合は問題ない。しかし、テーブル席におのおの座るのだとしたら、誰かと相席になるわけである。

今回の36人のツアーの内訳は、年配の夫婦が2組。若夫婦が1組。大学生くらいの女の子たちのグループが1組。あとは、30〜50代の女性ふたり組が中心。その中には、母と娘という組み合わせも何組かいた。ひとりで参加していたのは、わたしを入れて5人くらい。年配のひとり参加の人たち同士は、自然に仲良くなって一緒に行動しているようだった。

レストランで相席になる場合、ひとり参加者が集合するという手もあるが、すでに仲良くなっているところに入れてもらうというのも気をつかう。

うーん、誰と食べようか。第一候補は、飛行機で隣になった母娘コンビである。ふたりとも感じがよく、特に20代の娘さんはニコニコしていて話しやすい。第二候補は、年配のお母さんと参加している母娘コンビ。おとなしい感じのふたりだけど、クリスマスマーケット内でばったり会うと、「なに食べたんですか？」とか「それおいしそうですね、どこのお店ですか？」などと、屋台の食べ物情報を交換し合うこともあった。ここに入れてもらおうかなぁ。あとは40代後半の女友達コンビ。気さくで、好きな感じの人たちだ。この3組のどこかに交じろう。ひとりでポツンと食べるのは避けたい雰囲気である。

なんだか、クラス替えをしたばかりの学校時代を思い出していた。わたしはこういう場面では、精神的に強いほうだった。自分から話しかけて入れてもらうのは、緊張しつつもできたのである。

「じゃあ、レストランに入ったら好きな席に座ってください。コース料理はもう決まってますんで」

添乗員さんの号令のもとドヤドヤと中に入った。6つの大きなテーブル席があり、そこに相席しつつ36人が座るようである。

「ここ座っていいですか？」

飛行機で隣だった母娘の横にさっと座る。さらに、わたしの隣に30代の友達コンビが

クリスマスマーケットで食べたもの・買ったもの

「いいですか?」と座り、他にもうひと組30代の女性たち。ちょっとした女子会である。席さえ確保できればあとはなんとかなるもの。

「お水入れますね〜」

などとお水を配り、場を温める。飲み物は各自別会計で、せっかくだし本場のビールを注文。白ビールは、酸味があってさっぱり飲みやすかった。観光地で飲んでも1杯300円ほど。

コースは、スープ、パン、メインのジャーマンステーキ、デザート。ジャーマンステーキは、つなぎのない肉っぽいハンバーグという感じ。大量の茹でた人参がついていて、「人参こんなにいる?」とみんなで笑い合った。

ランチのあとは、山の上にあるノイシュバンシュタイン城見学へ。バスに乗り10分ほどで到着する。

お城の前には、銀行の順番待ちの電光掲示板のようなものが立っていて、チケットに印字されている番号が来たら中に入るシステムだ。いろんな国の人が順番を待っていた。ツアー旅行ではそのチケットも事前に用意されている。ほとんど待たずに入城できた。入城すると日本語のオーディオガイドを1台ずつ渡されるので、説明を聞きながら進んでいく。

このお城を作ったルートヴィヒ2世は、お城にお金を掛け過ぎた道楽によって城を追われ、その後、謎《なぞ》の死を遂げたという悲劇の人である。皮肉なことに、今ではドイツ国内でもっともたくさん集客できる観光地なんだとか。ノイシュバンシュタイン城は、ディズニーパークのシンデレラ城のモデルになったお城でもあるが、ルートヴィヒ2世はお城の中にへんてこな鍾乳洞を作っていた。一体、どんな人物だったんだろう？　などと思う。

お城の見学が終わると、各自、ふもとの集合場所に戻ることになっていた。ゆっくり歩いて下ると40分とのこと。バスも馬車もあると説明があったけど、散歩がてらのんびり歩こう！　と歩き始めたところ、馬車乗り場に、わたしと同じツアーのひとり参加の数人が立っているのが見えた。馬車は行ったばかりで待っている様子である。

「途中であの人たちが乗る馬車に追い抜かれたくないっ」

という気持ちがむくむくと沸き起こる。「お先に〜」などと手を振られるのは癪《しゃく》に障るので、自然と早足に。だんだんと「競歩」の人みたいになって、40分で到着するところを15分くらいでクリアしたのだった。

さて、いよいよ、最後のクリスマスマーケット。シュトゥットガルトである。

シュバンガウからバスで3時間半。観光バスがどんどんと集結してきて、ものすごい人出だった。シュトゥットガルトのクリスマスマーケットの屋台の数は、なんと、200店以上。屋台の屋根の上の飾り付けのコンテストがあるらしく、屋台自体も華々しい。

売っているものや、食べ物などは、だいたいどこのクリスマスマーケットも似ているのだが、夜のクリスマスマーケットに到着するたびに、

「なんて、きれい！」

と胸がキュンとする。シュトゥットガルトに到着したときも、なんだか胸が詰まって泣きそうになってしまった。

3時間の自由時間。「もうマーケット、飽きたわ」と言っている人もいたけれど、わたしは全然飽きなかった。何度でも心が浮き立った。

クリスマスマーケット自体に欠かせないのが「グリューワイン」である。赤ワインにいろんなスパイスを加えて温めたホットワイン。飲みながらマーケットを散策するのではなく、店の前で立って飲んでいる人のほうが多い。

ホットワインのカップから白い湯気がもくもくと上がっていた。

友達と恋人と家族と。

笑い合いながらワインを飲む人々。

フランクフルト、ローテンブルク、ニュルンベルク、そして、シュトゥットガルト。

ノイシュバンシュタイン城

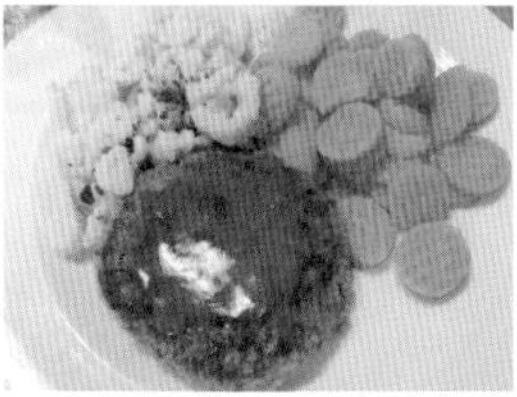

ジャーマンステーキ

スパイスたっぷりグリューワイン

ザワークラウトの上に
じゃがいものニョッキ

どのクリスマスマーケットでも、一番きれいだなぁ、美しいなぁと感じた景色といえば、グリューワインを飲んでいる人たちの集まりだった。温かで、幸せそうだった。笑うたびに、グリューワインの湯気がふわりと揺れる。人が笑い合っている顔って美しいんだなぁ、なんて、何度も何度も見惚れてしまったのである。

お酒に弱いわたしだけど、熱でアルコールが飛んでいるせいか、グリューワインは飲んでも平気だった。飲み終えたカップはもらって帰ることもでき、クリスマスマーケットごとにデザインが違うので、毎年集めるのを楽しみにしている人も多いのだそう。わたしもこの旅で4個になった。

今回は行けなかったけれど、ミュンヘンやドレスデンのクリスマスマーケットにもいつか行ってみたいなぁ。そしてまた、あの光の中をぶらぶらして、グリューワインを飲む人々を眺めたい。東京に戻り、クリスマスマーケットのカップで日本茶を飲みつつ、懐かしんでいるのだった。

ローテンブルクの街

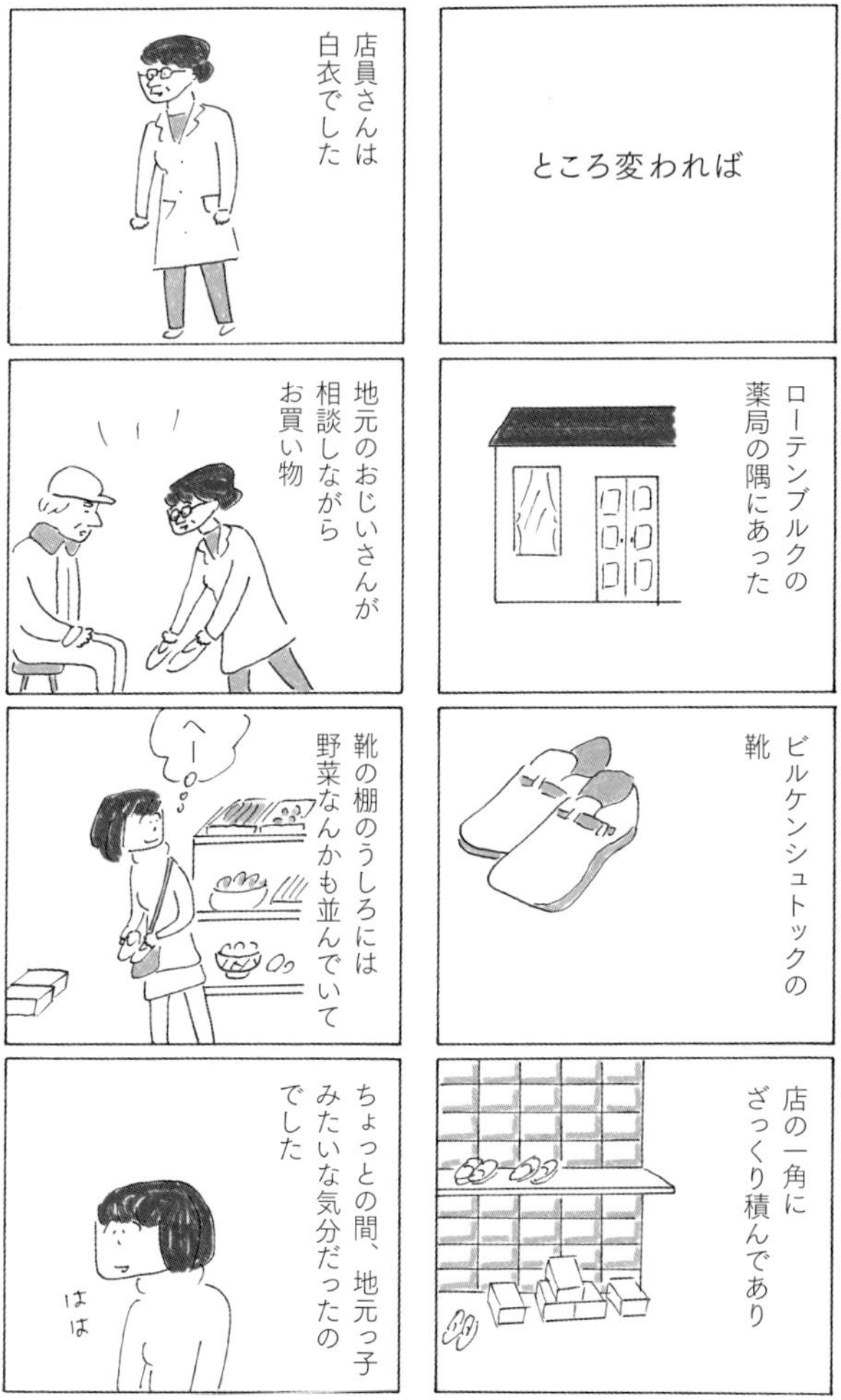
ところ変われば
ローテンブルクの
薬局の隅にあった
ビルケンシュトックの
靴
店の一角に
ざっくり積んであり
店員さんは
白衣でした
地元のおじいさんが
相談しながら
お買い物
靴の棚のうしろには
野菜なんかも並んでいて
へー
ちょっとの間、地元っ子
みたいな気分だったの
でした
はは

75%

旅ノートは小さめ。何年かして読み返すと、忘れていた感情がよみがえり、ポーンと旅先まで飛んでいける

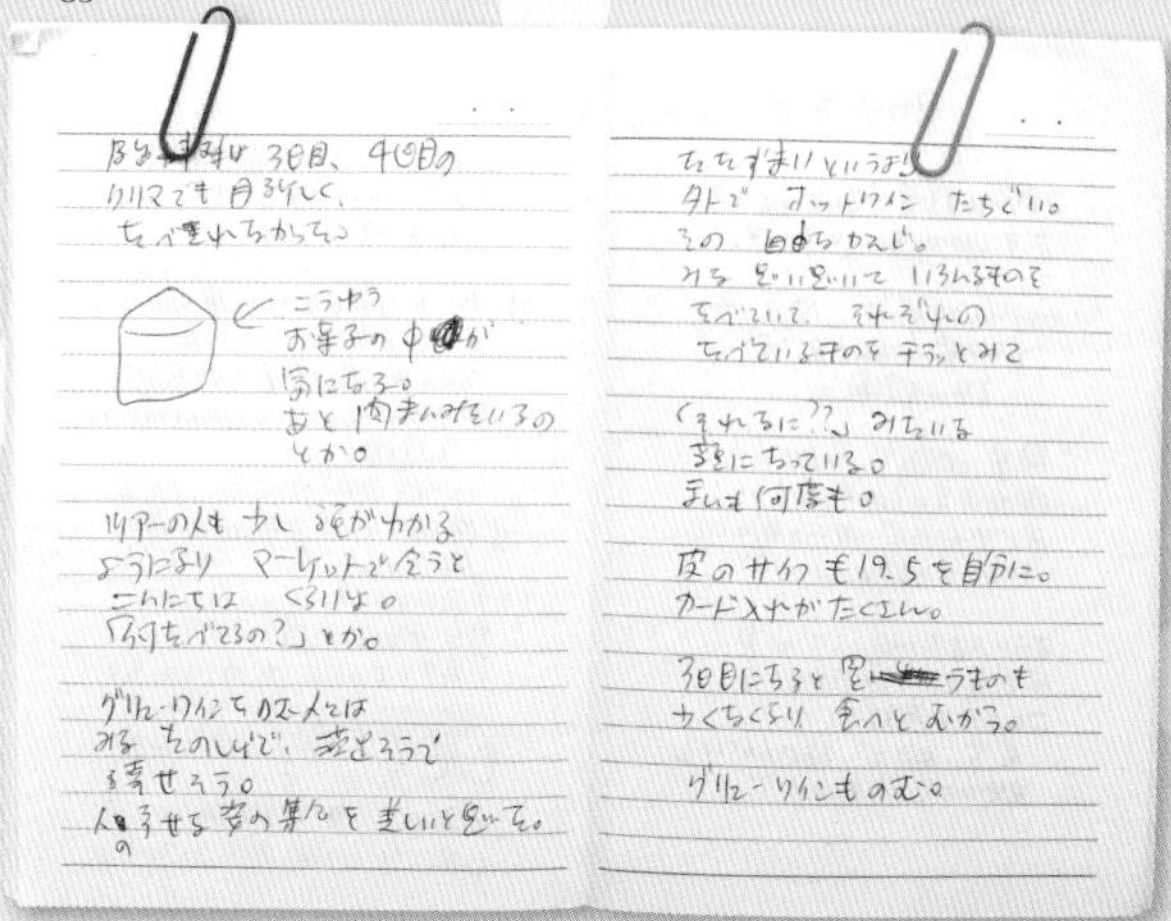

屋台料理は３日目、４回目の
クリマでも目新しく
たべきれなかった。

ツアーの人も少し顔がわかる
ようになり　マーケットで会うと
こんにちは　くらいは。
「何たべてるの?」とか。

グリューワインをのむ人々は
みなたのしげで　満足そうで
幸せそう。
人の幸せな姿の集合を
美しいと思った。

こうゆう
お菓子の中が
気になる。
あと肉まんみたいなの
とか。

バスの座席
現地で何度も乗る
ことになる観光バス
ツアーでは、基本、
好きなところに座れる
わけですが
朝、座った席が、その日、
自分の席になるので
（荷物を置いて観光）
より良い席に、みな
座りたいわけです
前方は揺れも少ないし、
乗り降りも楽で
人気ですが
添乗員やガイドさんが
話しているときには
ウトウトしづらく、
3列目くらいが
日増しに取り合いに
なっていきます
ココ

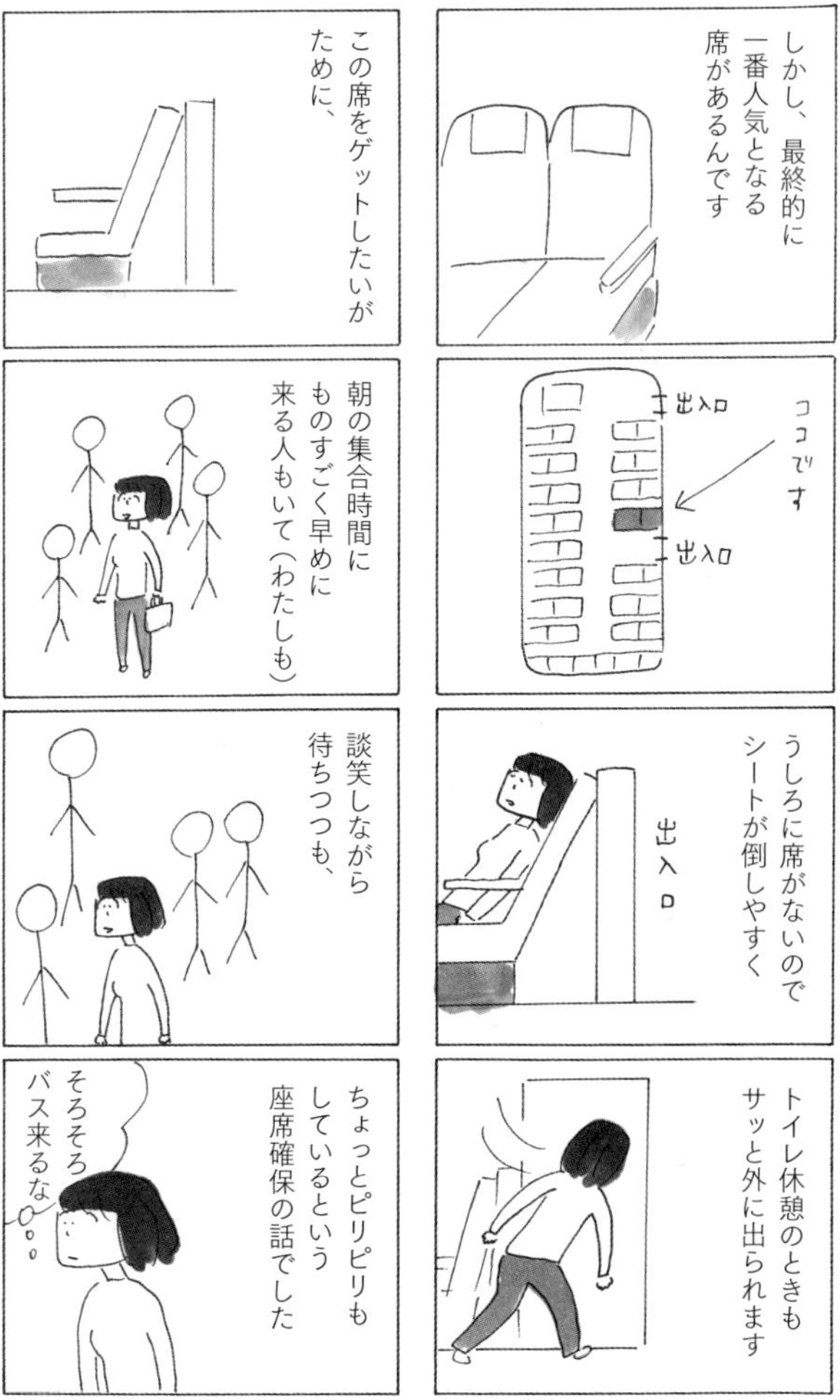
しかし、最終的に
一番人気となる
席があるんです
ココです
出入口
出入口
うしろに席がないので
シートが倒しやすく
出入口
トイレ休憩のときも
サッと外に出られます
この席をゲットしたいが
ために、
朝の集合時間に
ものすごく早めに
来る人もいて（わたしも）
談笑しながら
待ちつつも、
ちょっとピリピリも
しているという
座席確保の話でした
そろそろ
バス来るな

モンサンミッシェルの旅

フランス

2013年　3月28日～4月3日（44歳）
ツアー名『モンサンミッシェル・ロワール古城とパリ7日間』
234,900円（ひとり部屋追加料金込み）

日　程	スケジュール	食　事
1日目	空路、パリへ。 ルーアンへバス移動。 着後、ホテルで過ごす。	
2日目	午前、ルーアン市内観光。ノートルダム大聖堂、聖ジャンヌ・ダルク記念教会のある旧市場広場。 観光後、モンサンミッシェルへバス移動。 昼食は名物の「オムレット・モンサンミッシェル」。 午後、世界遺産モンサンミッシェル観光。 夕食はホテル内レストラン。モンサンミッシェルの夕景・夜景観賞。	
3日目	午前、ロワール地方へバス移動。 昼食はポークメニュー。 午後、世界遺産ロワール地方の古城めぐり。シャンボール城、シュノンソー城、アンボワーズ城。ロワールワインの試飲。 観光後、パリへバス移動。着後、ホテルで過ごす。	
4日目	パリ滞在。終日自由行動。	
5日目	パリ滞在。終日自由行動。	
6日目	空路、帰国の途へ。	
7日目	成田空港着。	

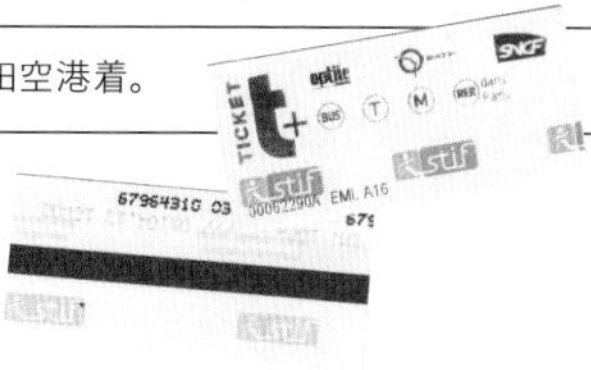

フランスのモンサンミッシェル。世界遺産である。

写真などで目にするたびに不思議な気持ちになっていた。

これ、本当の世界?

水上の塔は、まるでコンピューターで合成されたかのようなたたずまい。

あれは一体、どうなっているんだろうか。

写真だから、あんなに美しく見えるのだろうか?

それを確かめたくてツアーに申し込みに行ったのだった。

旅行代理店にあるチラシをあれこれと見比べていると、ある共通点が見えてきた。それは、「モンサンミッシェルの対岸のホテルに宿泊」という文句である。モンサンミッシェルの対岸に位置するホテルに泊まり、朝夕の美しいモンサンミッシェルを見ましょう! というような宣伝文句が一般的なのである。

モンサンミッシェルへのツアーだけど、モンサンミッシェルには泊まらない。なぜなら、泊まってしまうと、モンサンミッシェルが眺められないから……ということなのだろうか?

「はい、そうです」

旅行代理店の窓口で質問すると、おおむねそういうことであった。

モンサンミッシェルはそういう観光の仕方なのであるな。ふむふむ。

申し込んだツアー名は、『モンサンミッシェル・ロワール古城とパリ7日間』。モンサンミッシェルのみのツアーは見あたらず、ロワール古城とパリも付いてきた。ルーアンという街の観光もあるらしい。パリはちょうどイースターにあたるらしく、閉まっている店が多いという。美術館などは開いているようなので、そこは気にしないことにする。

当日、朝。

成田空港の団体受け付けでの手続き後は、各自で両替し、各自で搭乗口へ。これは団体ツアーのお決まりで、現地に到着後、飛行機を降りてすぐの通路みたいなところで集合する。エールフランスに乗って約12時間半。集合してみれば、30人ほどのツアーだった。春休みということもあって、家族連れが多い。ひとり参加は、年配の女性とわたしのふたりだけである。

8時間の時差なので、パリはまだ夕暮れ時。待機していた観光バスに乗り込み、最初の宿泊地となるルーアンの街を目指す。この日の夕食は付いていなかったので（機内食が夕食というこ とらしい）、途中、トイレ休憩に寄ったドライブインで果物やヨーグルトなどを購入しておき、夜、ホテルの部屋でテレビを見つつ食べた。

翌日の午前中はルーアン観光である。

ルーアンは、古代ローマ時代からの古都ということで、市街地には今も古い建物が残っており、５００年前の家が健在なのである。現地の日本人ガイドさんの後につづき、説明を聞きながらぞろぞろと歩いた。百年戦争時にジャンヌ・ダルクが火刑に処せられた街でもあり、聖ジャンヌ・ダルク記念教会も外から見学。ドラゴンが空を飛んでいるような、斬新なかたちのかっこいい教会だった。

ノートルダム大聖堂は、中に入って見学。

ノートルダム大聖堂ってパリにあるんじゃなかったっけ？

と思っていたのだけれど、ノートルダムという名の聖堂はあちこちにあるのだそう。

「ノートルダムとは、わたしたちの聖母という意味なんです」

と現地ガイドさん。ちなみに、ルーアンのノートルダム大聖堂がフランスで一番高い１５１メートルなんだとか。画家モネが描いたのもまた、このルーアンのノートルダム大聖堂とのことだった。

さくっとルーアン観光を終えたあとは、観光バスに乗り込み、いよいよモンサンミッシェルへと向かう。3時間くらいかかっただろうか。

「右手前方にモンサンミッシェルが見えてきました」

バスの中で添乗員さんに言われ、一同、風に揺れるススキのようにからだを揺らして窓の外を眺める。もう、必死！

見えた。

小さくうっすらと。

500年前の家が残るルーアンの街

ルーアンの市場

聖ジャンヌ・ダルク記念教会

周辺が工事中のモンサンミッシェル

手前の牧草地のようなところの奥に、蜃気楼《しんきろう》のようにぼんやりと。日本に戻って振り返ってみれば、この瞬間のモンサンミッシェルが、一番、胸に響く美しさだった。現実とは思えない、映写機で投影しているような儚《はかな》さだった。

昼過ぎにモンサンミッシェルに到着。正確には、モンサンミッシェルの対岸に到着。たくさんのホテルが並んでいて、どれも小ぶりなサイズである。「対岸のホテル」という字面《じづら》から、モンサンミッシェル側に向かって窓があるような気がしていたのだけれど、大半のホテルが道路の両側にかたまって建っていた。部屋の窓からモンサンミッシェル、というのはちょっと難しい感じ。

観光前に、まずは昼食。モンサンミッシェルの名物はオムレツである。

19世紀、お金のない巡礼者たちのために安くてボリュームのある料理を、と宿屋のプラール夫人が考案したのがはじまりという、ふっわふわオムレツである。オムレツのお店はたくさんあるのだが、モンサンミッシェル内にある「ラ・メール・プラール」が元祖みたい。わたしたちのツアーはその店ではなく、モンサンミッシェル対岸にあるレストランだった。

モンサンミッシェル名物のオムレツは、卵白を泡立ててふくらませているので、ほとんど空気みたいな食べ物だった。参加している子供たちは「味がない」と素直な表現をしていた。珍しさを味わう料理である。

リンゴのお酒「シードル」も有名ということで、生シードルも飲んでみた。甘味は少なく、ほどよい酸味でさっぱりしたお酒だった。グラス1杯でわたしの顔は真っ赤である。

昼食後は、いよいよモンサンミッシェル観光。

ホテルが建ち並ぶ対岸のエリアからモンサンミッシェルまでは、すーっと一本の道がつづいている。その道を無料のシャトルバスが頻繁に往復しているので、それに乗れば3分ほどで行き来できるのだ。歩くと20分以上かかると言われた。

昼食を終えた2時過ぎは干潮で、まだ水位も低く、モンサンミッシェルの周囲は広い広い干潟になっていた。

「今日の満潮は、夜の8時半くらいです。夕食後の自由時間にぜひ行かれてみてはいかがでしょうか」

と、添乗員さん。

この砂浜が夜になると水でいっぱいになるなんて不思議だな～。

シャトルバスに揺られながら眺めていた。干潮と満潮の「しくみ」は何度説明してもらってもピンとこない。月が引き起こす現象ということはわかるのだが、納得できるところまで

モンサンミッシェル名物のオムレツ。空気みたいな食べ物。
お金がない巡礼者たちのために
卵をふわふわに泡立てて大きくしたのだと
ガイドさんが言っていた

たどりつけない。

モンサンミッシェルの門をくぐると、土産物屋やレストランが軒を連ね、たくさんの観光客で賑わっていた。

わっ、塩キャラメルクレープ、おいしそう！

そう思っても立ち止まれないのが団体ツアーである。

でも、いいか、自由時間にゆっくり食べよ。

後ろ髪をひかれつつ、石畳の坂道をどんどんのぼっていく。結構、急である。しかし、ツアーには年配の方もいるので、「急いでください！」という空気はなく、全体的にのんびり。

ところで、モンサンミッシェルとはなんなのか。

わたしは行く前までは「お城」だと思っていたのだが、現役の修道院なのであった。岩山の頂上にそびえる修道院を中心に、小さな街がぐるりと取り囲んでいる。実際にここに住んでいる人もいるそうだが、ほんの数人だとガイドさんが言っていた。大きなテーマパークのようである。

さて、その修道院。大昔、司教オベールの夢まくらに大天使ミカエルが現れ、「ここに教会を建てなさい」というおつげがあったとか。しかし、司教は実行にうつさなかった。すると、再び大天使ミカエルが夢に出て、「ここに教会を建てなさい」。それでも建てなかったので、3回目の夢に出てきた大天使ミカエルは、司教のおでこを指でギューッと押しながら、「ここに教会を建てなさい」と念押ししたのだという。

「それで、ついに司教も教会を建てたと言われておりますっ」

現地のガイドさんが臨場感たっぷりに語ってくれて、一同、「ほほぅ」なんて感心。さらには、こんなつづき。

「司教オベールの死後、彼の頭蓋骨には、おでこにギューッと押されたような跡が残っていたとも言われておりますっ」

一同、またまた「ほほぅ」。

30人の大所帯なので、ひとりひとりにイヤホンガイドが渡されており、添乗員さんから離れていても、ちゃんと声が届くようになっている。

修道院の中には、修道士の食堂や、客間、中庭など、見どころがいっぱい。おまけに、他の団体ツアーも入り交じり、人もいっぱい。ちなみに、百年戦争のときには、イギリス軍が大砲を撃って攻め入ってきたのを、難攻不落の要塞、モンサンミッシェルが防いだのだとか。さらに、18世紀のルイ17世の時代からは、なんと、この修道院が監獄として使われていたそうな。

ひととおり見てまわったあとは解散。夕食はホテルの近くのレストランなので、３時間ほどのフリータイムである。

修道院のまわりにはいろんな小道があって、まるで迷路のよう。好き勝手に歩きまわっていると、ひょいっとプチホテルの前に出たりして、それがなかなか楽しいのである。小さくて感じのいい墓地もあった。３月末のフランスは防寒着無しではいられない寒さだが、歩いているると途中からからだもポカポカしてきた。

同じツアーの人たちにばったり会うこともあり、そんなときは笑顔で会釈。ひとり参加のわたしは、やはり気をつかわれているというか、さみしそうに見られている気配はするが、こちらが楽しそうにしていればいいだけの話。わたしは、自分の一度きりの人生の中で、美しいものに出会いに来たのである。

風に吹かれながら、広々とした干潟を眺める。

見渡す限り灰色の平地である。

海鳥たちがブーメランみたいにピシューッと横切っていくのを見るのは清々《すがすが》しかった。まっさらの画用紙の上に置いた消しゴムの上にいるような気持ちだった。ぽつんと自分だけが高い。

「見渡す」という行為が気持ちがいいのはなぜなのだろう？

自分のいる場所がよくわかる安心感からくるものなのだろうか。

日々の暮らしの中では、自分の立ち位置を把握しておかなければならない場面がたくさんある。いや、ほぼそれで日常ができあがっているのかもしれない。発言も行動も、立ち位置なくしてはひとりよがりとなる。その立ち位置は、目に見えるものではないから非常に複雑で、考えれば考えるだけ疲れもする。

しかし、モンサンミッシェルからの平たんな眺めは明快だった。自分の居場所が一目瞭《りょう》然《ぜん》。

ああ、気持ちがよかった。いい景色だった。

満足し、来た道を戻れば、帰りに食べようと思っていた塩キャラメルクレープのお店は閉まっていた。

全員そろってのレストランでの夕食後、せっかくなので夜のモンサンミッシェルにも行ってみることにする。人通りはあるものの街灯が少なく外はわりと暗い。ひとりでシャトルバス乗り場まで歩いているときは、ちょっとだけ早歩き。バス乗り場まで行けば、人もたくさん集まっていた。

バスに乗って窓の外を見る。モンサンミッシェルへつづく一本道の両側はいつの間にか潮が満ちて海になっていた。モンサンミッシェルはライトアップされて、海にポツンと建っている。これぞ、モンサンミッシェル！　という感じ。

バスを降り、入り口までの道を歩いていると、前方から同じツアーに参加している人たちが帰ってくるところだった。

「門は閉まってるんだけど、横の小さいドアから入ることができたわよ」

教えてもらい、中に入ることができた。すごくわかりにくいドアなので、知らずに引き返

対岸までは無料のバスで

古い建物も見どころ

上からの景色

絵本の中に迷い込んだよう

している観光客も多かった。

ツアー旅行とは、このためだけに集まった、ほんの数日間の集団である。旅が終われば、おそらく二度と会うこともない人々だ。付き合いが面倒臭いからとツンとしているのももちろん自由だし、目立たないようにしているというのも自由である。しかし、笑顔で挨拶をかわしておくのは、時として、自分を助けることにもなる。

「閉まってるんだけど、横の小さいドアから入ることができたわよ」と教えてくれた女性とは、昼間、「思ってたより、寒いですねぇ」なんて、軽く気候の話をしただけだったけれど、多少の親しみはわくものである。だから、この夜もわざわざ声をかけて教えてくれたのである。

そういえば、わたしと同じくひとり参加だった60代後半〜70代前半くらいの女性と朝食の席で話していたときに、これまでに行った旅の話題になった。ひとりでいろんなツアーに参加しているそうで、どちらかといえば、自然を楽しむツアーが好みなのだとか。

「おすすめの観光地で、景色が美しいところありますか？」

質問したら、パタゴニアの大自然がよかったとのこと。パタゴニア。南米・アルゼンチン、チリあたり。かなり遠そうである。

「そんなにいいなら行ってみようかなぁ」

わたしが言うと、

「行きたいところは、遠くから行くのがいいのよ。体力のある若いうちにね」

とのこと。重みのある一言である。

しかし、よくよく聞いてみると、この方、モンサンミッシェルの次は、2カ月後に中国の秘境、そのあとはカナダに行く予定だとか……。歳をとっても、充分、遠くに行かれているのでは？　お話ししていて、とにかく元気が出たのだった。

話は戻り、夜のモンサンミッシェルである。

オレンジ色のやさしい明かりが灯っていた。その明かりを受けた石畳がピカピカと光っている。

夜でもレストランやカフェは開いていて、モンサンミッシェルの中のホテルに宿泊している人々が夕食を楽しんでいた。こんなこと、わたしのガイドブックには載っていなかったからびっくり。

ひょっとして、対岸のホテルに泊まるより、中のホテルに泊まるのが正解なのではないか？？

再びここに来ることはないと思うが、もし来ることがあったら、次は絶対に、モンサンミッシェルの中に泊まろうと決意。そもそも、対岸からモンサンミッシェルは、思っていたよ

写真を撮っている人が
たくさんいた

百貨店ギャラリー・ラファイエットの
息を飲むほど美しい天井

ロワールの古城。
いくつかつづけて見学すると
なにがなんやら
あとで区別がつかなくなり……

国立自然史博物館。幻想的な展示に圧倒される。
自由行動の日にひとりで

シャルル ド ゴール国際空港のカフェ・ラデュレ。
マカロンも入ったゴージャスなケーキ!!

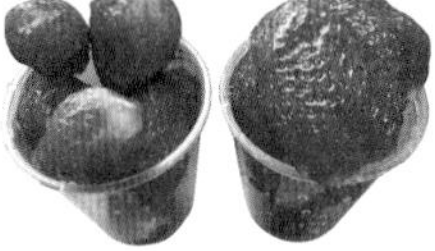

デパートで買ったいちごで
ビタミンC補給

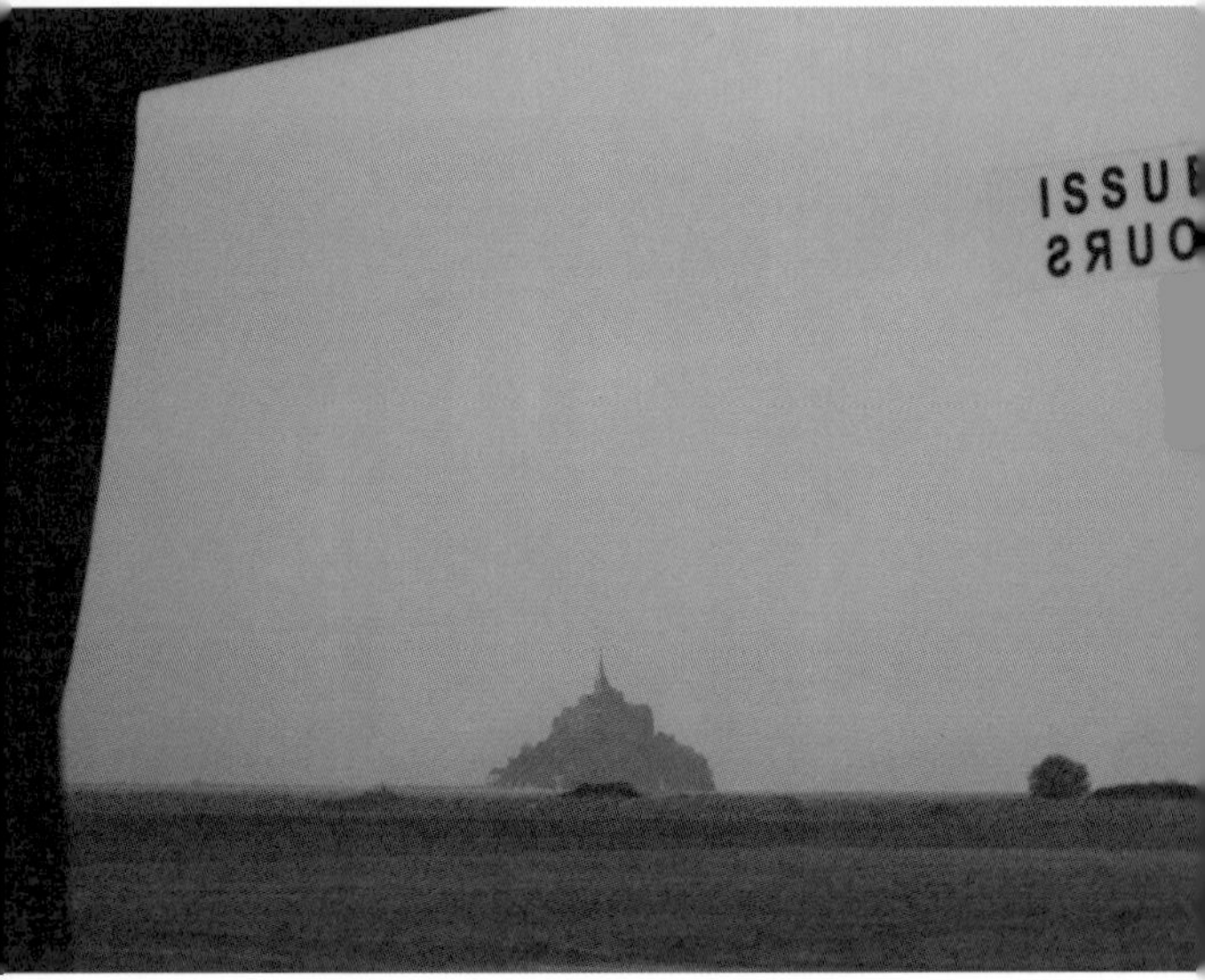

バスの窓から初めて見たモンサンミッシェル。
「これ本当の世界？」まるで蜃気楼のようだった。
牧草地にはときどき羊たちの姿があった

り遠いのだった。

門を出て、帰りのシャトルバス乗り場に向かっているとき、最後にもう一度モンサンミッシェルを振り返ってみた。

よく、こんな岩の上にねぇ、建てたものだねぇ。

夜空に向かってそびえているモンサンミッシェル。修道院の一番高い塔の上には、金色に輝く大天使ミカエル像。

見られた、わたし、モンサンミッシェル見られた！

とても単純で、素直な感想ばかりが浮かんだ。それでよいと思った。

モンサンミッシェルの謎も解け、あとはおまけのような旅の行程である。

ツアーに組み込まれていた「ロワールの古城めぐり」は、モンサンミッシェルからバスでパリに移動する途中に、文字どおり「古城」を車窓から眺めたり、降りて眺めたり。シュノンソーというお城では、実際に中に入って見学する短い時間が設けられていたが、バスに戻る前に「トイレを済ませておく」ことのほうが重大なので、時間配分を考えていると、そわそわして景色が頭に入ってこなかった。

パリでは、２日間の自由行動となる。

美術館は、モネの連作「睡蓮」があるオランジュリー美術館、現代美術の作品がそろう国立近代美術館、ファッションや家具の歴史がわかる装飾美術館。この3つにしぼって見てまわった。

国立自然史博物館にも行く。化石、鉱物、さまざまな動植物の標本が収められている真面目な施設なのだが、動物の剝製《はくせい》の大行進を前に、思わず声がもれた。

「うわぁ……」

あんまりきれいだったのでしばし動けなかったほど。

大きな象を先頭に、サイやキリンたちがまるで生きて歩いているみたいに陳列されていた。

子供のころ、動物のおもちゃを床に並べて遊んだ世界に入り込んだようだった。

シャンゼリゼ通りなども歩いてみたが、なにぶん2日間のパリ。ちょっと気ぜわしかった。

モンサンミッシェルにのんびり2泊くらいするのがよかったなぁ。

帰りの飛行機の中で、広々とした干潟を飛んでいた海鳥の姿を思い出していたのだった。

SORTIE
コレ出口か!!
パリの地下鉄で出口がわからず
困っていたのですが…。
英語の「EXIT」ではなかった

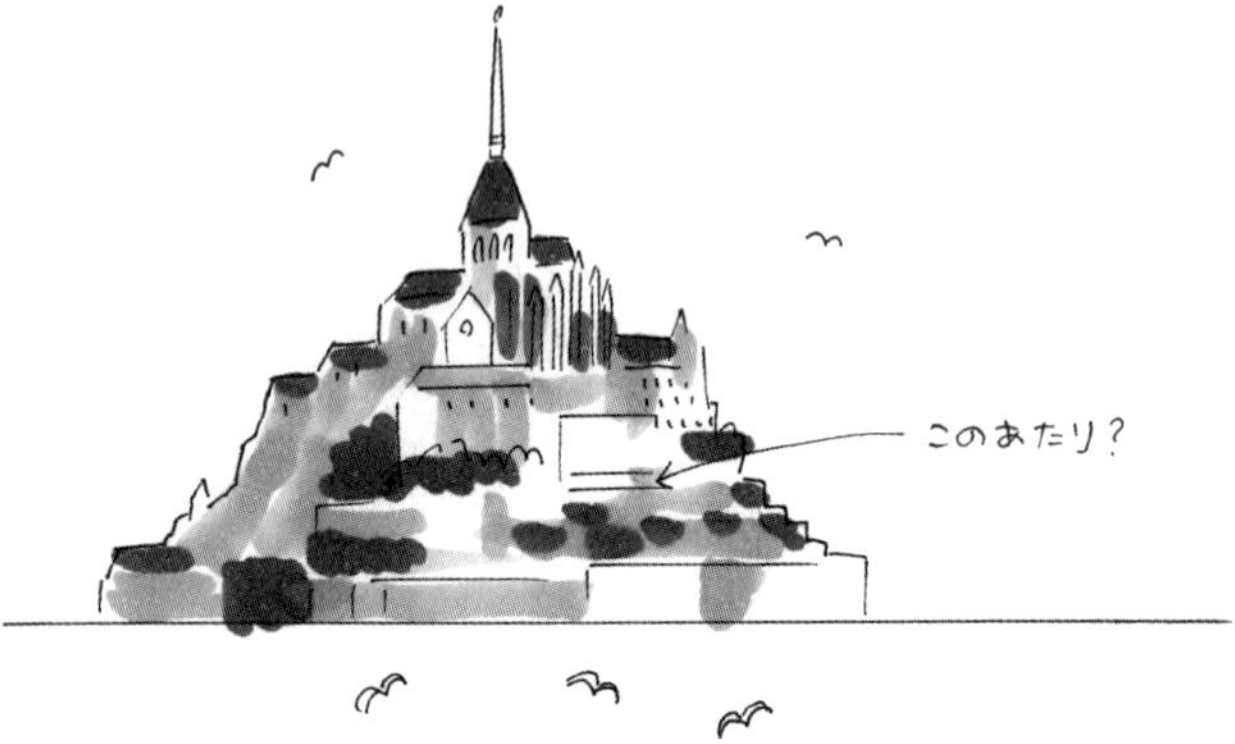

風に吹かれて
広々した干潟を眺める。
飛んでいる鳥たちも
気持ちがよさそうだった

旅の写真

旅の写真はファイルに
収まるだけを選んで現像。
チケットやノートと
一緒に保存すればスッキリ

仕事机でふと
旅の写真を見たくなる日も。
旅先の空気を思い出しほっこり

アウトドア用品店で旅行用の軽いコートを探していたら
ポケットの位置が高めだから安心ですヨ
どーゆー意味だろ?
買った

パリの美術館前で、子供のスリにあう。
署名のボードの下で、小さい子が
ポケットをさぐろうとしていた……

ポケットが高くて届かなかったみたい
（ファスナーが2センチくらい開けられていた）

リオのカーニバルの旅

ブラジル

2014年　3月6日〜3月13日（45歳）

ツアー名『リオのカーニバル　チャンピオンパレードとイグアスの滝』

955,350円（ひとり部屋追加料金、ブラジルビザ代等込み）

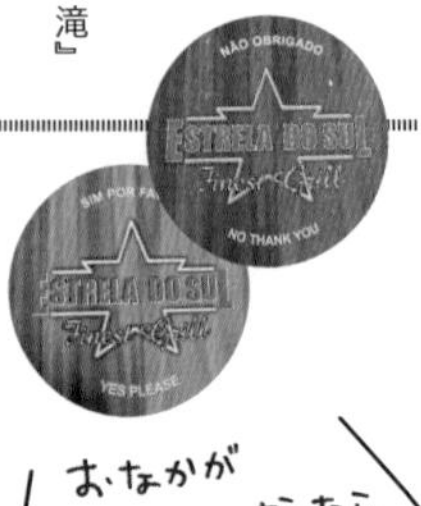

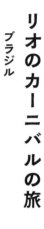

日　程	スケジュール	食　事
1日目	空路、リオデジャネイロへ。機中泊。	✈ ✈
2日目	リオデジャネイロ市内観光。ポン・デ・アスーカル、コパカバーナ海岸、イパネマ海岸。 昼食はレストランビュッフェ。 夕食はロブスター。	（🍴） 🍴 🍴
3日目	リオデジャネイロ市内観光。コルコバードの丘。昼食はブラジル名物「シュラスコ」。夜、カーニバルのチャンピオンパレードを観覧。コンテスト上位入賞のサンバチームのダンスを堪能。夕食は日本料理店で。	🍴 🍴 🍴
4日目	空路、イグアスフォールズへ。着後、ホテルで過ごす。	🍴 🍴 🍴
5日目	イグアスの滝観光。「悪魔の喉笛」の滝壺。ブラジル、アルゼンチン、パラグアイの3国国境地点も訪れる。 昼食は国立公園内のレストランビュッフェ。 夜はスペイン料理。	🍴 🍴 🍴
6日目	空路、サンパウロへ。 サンパウロ市内観光。 東洋人街、パウリスタ通り。 空路、帰国の途へ。	🍴 🍴 ✈
7日目	機中泊。	✈ （🍴） ✈
8日目	成田空港着。	✈

リオのカーニバル。

本場で見ることができればいいなぁ。

そんな夢のひとつではあったが、なにせ、南米ブラジル。日本の反対側である。自分が行くなんて想像したこともなかったから、リオの地を踏んでも、まったく実感がわかなかった。が、しかし、片道24時間という過酷な旅であるからにして、想像以上に体力は奪われていた。出発前に風邪っぽいかも？　という予感はあったのだけれど、長旅の疲れ、機内の乾燥なども加わって、リオに着いたときには本格的に風邪をひいてしまっていた。喉《のど》もひりひり。

成田空港からアメリカのダラス空港で乗り継ぎ、リオ国際空港に降り立ったのは午前9時過ぎだった。空港を出ると、そのままバスでリオ市内観光。ツアーなので、例のごとく大きな観光バスのお出迎えである。

「ポン・デ・アスーカル」というぽっこりとした高い山があり、山頂までロープウェイで登ってリオの街を眺めたり、お茶碗を逆さまにしたような教会「カテドラル・メトロポリターナ」を見に行ったり。このカテドラル・メトロポリターナは、壁4面にはめ込まれた巨大なステンドグラスが高い天井に向かってすーっと伸びていて、赤や緑の原色の光が情熱的な教会だった。

夕暮れ前に、コパカバーナ海岸が目の前にあるホテルへようやくチェックイン。ホテルの窓からも海岸が見渡せた。広い砂浜がつづき、水着姿の人が大勢いる。なにかを売っている屋台のようなものも見える。引き波が強く、この海岸で泳ぐのは危険なのだそう。みな水着で横になり、日光浴を楽しんでいる。波打ち際で水に足を浸《つ》けている人もいた。

治安の面もあり、海辺も、街中もあまりうろうろしないほうがいいと添乗員さんに言われ、自由時間は、ホテルから2～3分のところにあるスーパーでマテ茶やチョコレートなど、簡単なお土産を買う。夜は、再びツアーバスに乗り込み、港のレストランでロブスター。旅の初日が終了する。

今回、わたしが申し込んだツアーの参加者は15人ほどだったのだが、同じ旅行会社の別プランのグループも似たような行動範囲なので、しょっちゅう顔を合わせることになる。だから、レストランに入れば、常に50人くらいの日本人がうろうろしているという感じ。

それにしても、ブラジルの旅行代金は高額である。ひとり参加の追加料金を加算すると、約100万円……。リオのカーニバルの時期はホテル代も跳ね上がり、日本からのカーニバル観戦ツアーは、どれもこれくらいの価格だった。

パンフレットにひとつだけ安いツアーがあった（といっても約50万円）のだが、なぜ、安くできるのかといえば、宿泊代が高いリオの街には泊まらず、リオから500キロ離れたサンパウロ空港に降り立ち、そこから長距離バスを利用してカーニバルを見るというもの。1泊5日。ようするに車中泊なのである。安くあげるためにこの弾丸ツアーにしようかと問い合わせもしたのだが、すでに完売だった。


さて、リオのカーニバルである。

勝手なイメージで、街中を派手に練り歩くお祭りのように思っていたのだが、実際は、もっと商業的である。サッカー観戦と同じで、きちんと会場があって、席が決まっており、自由席もある、そんな感じだろうか。

カーニバルは4日間。その4日間でチームごとに優勝争いを繰り広げ、上位6チームが5日目のチャンピオンパレードに参加できるというもの。今回、ツアーで見られるのは、このチャンピオンパレードである。コンテストとなる本戦にくらべると、踊り手たちも全体的にリラックスした雰囲気になるとのこと。できれば、ヒリヒリした本戦が見たかったな、というのが本音。ちなみに、本戦よりチャンピオンパレードのほうがチケットの価格も安いようである。

カーニバルは夜の9時からなので、3日目の昼間は、日本人ガイドのもと、トロッコ列車に乗ってコルコバードの丘に建つキリスト像を観光したり、ブラジル名物シュラスコ料理を食べたり。一旦、ホテルに戻って仮眠。日没後、そろってレストランで夕食を済ませれば、いよいよツアーバスでカーニバル会場へ。海岸のホテルからだと15分ほどだろうか。

バスを降りると、添乗員さんから渡された、紐付きの観戦チケットをひとりずつ首から下げる。まずは入り口でチケットのバーコードチェック。中に入ると、土産物屋や、軽い食事を売るテントなどが並んでいる小さな広場があった。さらにそのチケットをふたつの関所で係員に見せなければ、座席までは到達できない。とても厳重で、そのおかげで、一旦、観覧席まで入ってしまえば、ひとりでうろうろしていても安心。明るいし、そこいら中に警備員がたくさんいる。女子トイレ内も清掃の女性たちが常に出入りしているので、怖い印象はなかった。出発前は、治安の面で不安もあったのだけれど、日本の野球場のようなイメージだろうか。

野球場と違うのは、会場が横長ということ。約850メートルの長〜い通路の両側に観客席がある。ボックス席が一番手前。球場でいう外野にあたる奥が階段席。その中間に、屋根付きの個室のような席があり、そこが一番高額なのだそう。わたしたち1階のボックス席か

ポン・デ・アスーカル

種類いろいろシュラスコ料理

コルコバードの丘

ホテルの窓からはコパカバーナ海岸

らは、その中までは見えなかったけれど、ゆったり飲食できるスペースもあるらしい。

パンパンパンパンと大きな花火があがった。夜9時過ぎ。カーニバルのスタートである。ブラジルの3月は雨期で、この日はずっと雨模様。カッパを着ての見物である。やや肌寒いくらいで、カッパの下は長袖のトレーナー。日中でも25〜27度程度で、湿気はあるもののとても過ごしやすい。

しばらくして、最初のチームが入場してきた。と、いっても、わたしたちの席はちょうど

キリスト像の 背後から
長い エスカレーターで
のぼっていく

中間くらいだったので、まだ全貌はわからない。巨大な山車《だし》の姿だけが遠くに見えている。ゆーっくりと進むので、観客たちは待ちきれずに立ち上がっている。わたしも背伸びして見る。会場には大音量でサンバの音楽が流れ、しかし、会話ができないというほどでもなく、とは言え、誰かと会話をしなくてもいいくらいの音量でもあり、ひとり参加でもさみしい感じはしない。黙って見ていても不自然ではなかった。

次第にパレードが近づいてきた。先頭は、普通のポロシャツ姿の係の人々。そのあとに、ダンサー集団、山車、ダンサー集団、山車、ダンサー集団、山車の繰り返しである。

ひとつのサンバチームで、２０００〜４０００人という構成で、ダンサーの他に、打楽器部隊も。これが今夜だけでも6チーム出てくるわけだから、相当な数の人がカーニバルに参加していることになる。

6チーム、すべて見るとなれば、終了するのは明け方である。時間にすれば約9時間。片道24時間かけてブラジルにやってきて、今度はオールナイト。初日に風邪をひいたわたしは、このとき、たぶん38度近くまで熱があがっていたのではないかと思う。途中でホテルに戻りたい人は、現地ガイドがタクシー乗り場まで送ってくれる手はずになっていたのだけれど、せっかくここまで来たしなぁと、朝までいることにした。熱はあっても、喉の痛みはひいていたから、翌日の移動日にゆっくりしていれば回復するように思えた。

ツアーのボックス席は、6帖ほどの仕切りがあるスペースに6席の椅子が備え付けてあった。疲れたら座って見られるし、荷物置き場にもなる。高齢の方はずっと座っていた。山車は10メートル近くある大きなものばかりなので、目の前を通るときには、立って見なくても充分である。

どのサンバチームも、入り口から入場してきて、同じ出口へと退場していく。持ち時間というのがあって、入ってから、出ていくまで、1チーム65〜80分以内と決められている。会場には残り時間がわかる掲示板が立ててあり、コンテストのときにはこの持ち時間を守っているかも審査の対象になるのだそう。他に、リズムや衣装デザイン、音楽など10項目の審査があって、中には「ストーリー性」というのも評価の対象になっているとのこと。おもちゃにテーマをしぼり、〝子供時代の記憶を呼び覚ます〟、みたいなストーリーのチームもあった。おもちゃ箱から飛び出す兵隊や人形、巨大なぬいぐるみの山車、ルービックキューブの着ぐるみのダンサーたち。他に自動車レースをテーマにしたチームもあったし、「天地創造」のような壮大なチームもあった。

3チームくらい見終えたころには、結構疲れてきて、総立ちだった観衆も座り始めたり、おやつを買いに行ったりして落ち着いてくる。でも、ずーっと一緒になって踊りつづけてい

遊園地ごと
移動してくるような!

サンバの曲を
まとめた
CDも販売

目が合うと
手を振ってくれることも

リオの
カーニバルの
チケット

る客もちろんいて、それは、どこか知らない国の人々だった。日本人の団体は、「サンバで踊る」というのに慣れておらず、立ってる人も座ってる人も、静かに鑑賞していた。元気に踊っている日本人の若者たちもいるにはいたが、見ていると最終的には椅子に座っていた。

カーニバルの最終日であるチャンピオンパレードが終わってしまえば、衣装を捨てて帰ってしまうダンサーたちも多いとのこと。みな、心はもう来年のカーニバルに向かっているのである。

ひとつのチームのパレードが終わり、次のチームを待つ間、土産物売り場の前でうろうろしていたときに、ガイドさんが踊り終えた女性ダンサーの衣装の一部をもらってくれた。水色のスパンコールの腕輪のようなもの。丁寧に作られていて、彼女の汗で重たくなっていた。写真も一緒に撮ってくれ、ダンサーたちはフレンドリーである。人気のダンサーには護衛がついていて、そういう人の衣装はもらえないけれど、頼めば写真は撮ってもらえた。

ダンサーたちの衣装は、もう本当にいろいろ。女性はみんな露出度の高い水着のような格好ばかりなのかと思っていたけれど、意外に、そういうのは全体で見れば多くはなかっ

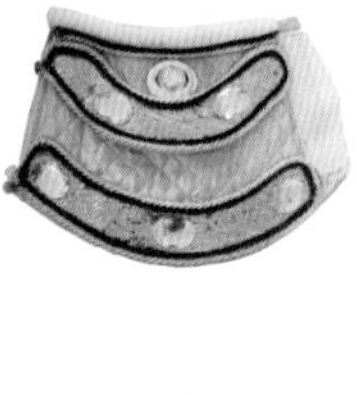

もらった衣装の一部

カーニバルが終了するころには太陽がのぼり始めていた

た。選ばれた人たちだけに許された衣装である。着ぐるみ姿でまったくからだのラインが出ない衣装の人々も大勢いるし、中には、かぶりもののせいで顔さえ見えていないダンサーたちも。

豪華な山車の上で踊る花形の踊り手。

彼らをより目立たせ、ショーをショーらしくするには、その他大勢の着ぐるみダンサーが必要なのである。そして、その他大勢のダンサーたちもまた、いきいきと美しいのだった。

そう、パレードの人々はとてもとても美しかった。

汗、笑顔、からだ、歌声、踊っている姿、動いているシルエット、そのすべてが美しくて、楽しそうで、見ているこちら側は、ただただ、うらやましい。貴重品の入ったバッグを斜めがけにして突っ立っている自分の姿が、ふいにバカらしくなるくらい。

そして思い出したのである。

ずいぶん前になるけれど、青森のねぶた祭で、観客ではなく跳人《はねと》として参加したときのこと。

知り合いが、浴衣から、花笠《はながさ》、白足袋、草履まで一式そろえてくれ、大きなねぶたの山車とともに跳ね歩いたあの夏の日。

「ラッセラー、ラッセラー」

ガラガラになるまで声をあげ、汗を流している自分の姿を沿道の観客がパシャパシャと写真を撮っていた。胸の奥から沸き起こってきたのは、それまで味わったことのないような高揚感だった。リオのカーニバルに参加している側の人たちもまた、そんな気持ちなのではないか。

リオのカーニバル、オールナイト鑑賞。見終わって送迎のバスに乗り込むときには、太陽がのぼり始めていた。まぶしい朝日の中、うとうとしながらバスに揺られてホテルに戻る。頭の中では、サンバのリズムが鳴りつづけていた。

疲れたけれど、華やかで、にぎやかで、きれいな夜だった。心を弾ませている人々を見るのは素敵なことだった。

年配の方は、夜中の1時過ぎにはホテルに戻っていたようで、無理のない範囲で楽しめるようになっている。若いころでないと行けない旅というわけでもないなと思った。熱のせいでからだはダルかったが、心は晴れ晴れと明るかった。

というわけで、このツアーのメインイベント、リオのカーニバルが終了したのだけれど、「おまけ」のように付いていた「イグアスの滝」観光が想像以上に良かったのだった。

イグアスの滝は世界3大「滝」のひとつ。あとのふたつがナイアガラの滝、ビクトリアの

世界３大滝のひとつ。
一番水量が多いのがナイアガラ。
一番高いところから落ちるのがビクトリア。
イグアスの滝は世界一幅が広い。
全長４キロもあるそう

イグアスの滝。観光用の遊歩道。すごい水しぶき

ゴゴーッという音とともに落ちていく滝。
ふわふわの毛の大きな生き物みたいにも見えてきた

滝。ちなみに、一番横に長いのがイグアス、高さがあるのがビクトリア、水量がもっとも多いのがナイアガラだとガイドさんが言っていた。

リオ国際空港からサンパウロを経由して、一行はイグアスの滝があるカタラタス空港へ。ツアーの参加者は、中高年の夫婦が中心で、ひとり参加は、女性が3人と年配の男性ひとり。旅慣れた人が多い印象だった。

職業や家族構成など、食事の席などで話題になることもあるが、言いたくないときは、のらりくらりとかわす技が必要である。ツアー中は、当たりさわりない話題で会話を楽しみたいところ。

「お住まいはどちらなんですか？」

と、真っ先に聞くような人は、どうしても空気が読めていない印象を与えてしまう。取っ掛かりは軽くてよいのだ。たとえば、「ホテルの部屋、寒くなかったですか？」とか、「お土産、もう買いました？」とか。個人的なことを聞かなくても会話はなりたつのである。ツアー旅行ひとり参加で面倒なのは、もうそこに尽きる。

イグアスの滝は、ブラジル側、アルゼンチン側の両方から見ることができ、どちらかひとつなら、アルゼンチン側の「悪魔の喉笛」と呼ばれるスポットがきれいだった。ゴォーゴォーと滝が落ちるすぐ近くまで近寄ることができ、カッパを着ないと全身びしょぬれになるくらい。

ものすごい迫力で、見ても見ても見飽きず、見れば見るほど気持ちがスカッとした。アルゼンチン側から見るためには一度国境を越えねばならず、手続きなどはすべて現地ガイドがやってくれる。ツアーでなく個人でやれば、おそらく半日仕事だろう。

やや面倒な人間関係はあるけれど、おんなひとり、世界のどこへでも、ツアーがある限り行けるなと、このブラジルで自信が確信に変わった。成田に到着するころには、なかったことのように風邪もすっかり治っていたのだった。

ホテルの朝食会場に
並んでいる新鮮な果物
どれも力強い味で
わっ
このパパイヤ
濃い!!
毎日、朝がくるのが
待ち遠しく、
ハッ
また
今朝も
おいしい果物
さすが
アマゾン〜
パクッ
と、思いつつ食べて
いたのでした

機内食いろいろ

アップル
キャロット
ジンジャー味

コペンハーゲン空港の
ジュースバー

そば＆パン＆ポッキー！

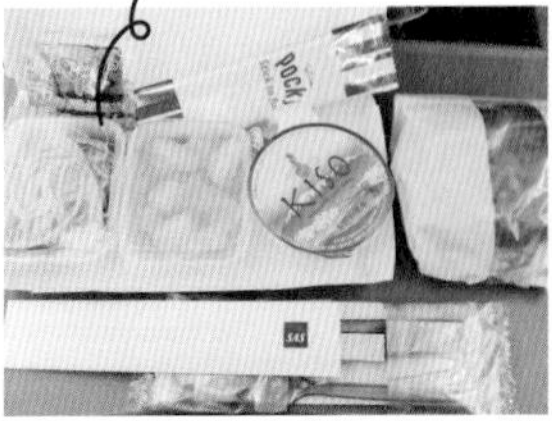

日本からコペンハーゲン
朝食

日本からコペンハーゲン
夕食

スナック菓子
ドイツ便、夕食前に

ノルウェー、
トロンハイム空港で買った
サンドイッチとリンゴ

日本からドイツへ
朝食

日本からドイツへ
夕食

機内食いろいろ

ドイツから日本へ

日本からパリへ
朝食

日本からパリへ
夕食

キティちゃんのケーキ

日本から台湾へ

ブラジルへ

ホテルの部屋の写真は
入った瞬間に撮る
クセをつけてます
(荷物を置く前が
きれい)
パシャッ
つかれた～
ドサッ
あ、写真……

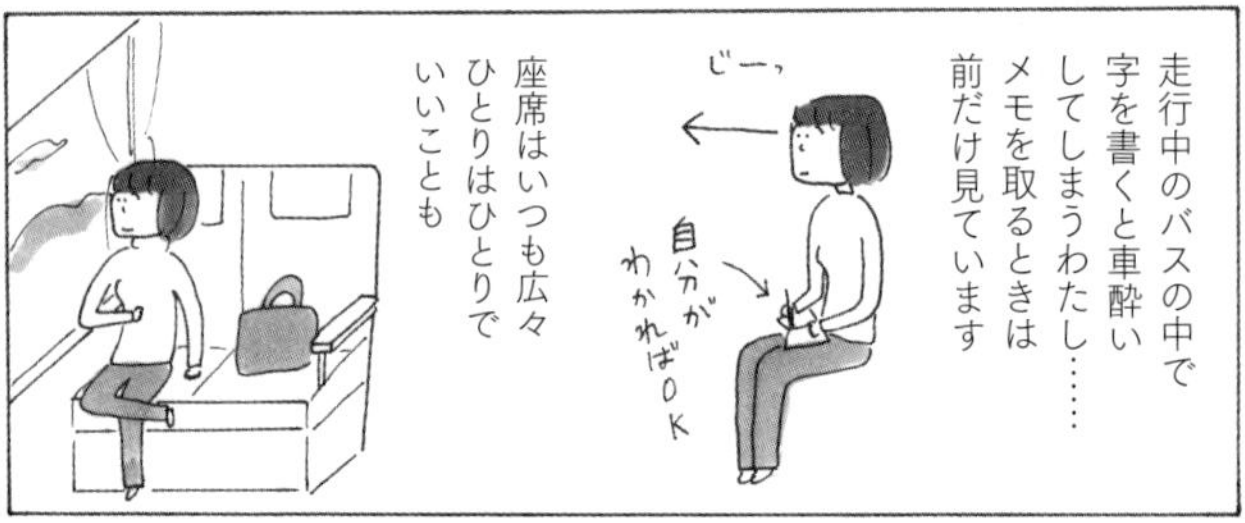
走行中のバスの中で
字を書くと車酔い
してしまうわたし……
メモを取るときは
前だけ見ています
じーっ
自分がわかればOK
座席はいつも広々
ひとりはひとりで
いいことも

今だ
団体での食事
デザートがくる前に
さりげなくトイレへ
(食べ終わると一斉に
並ぶので)

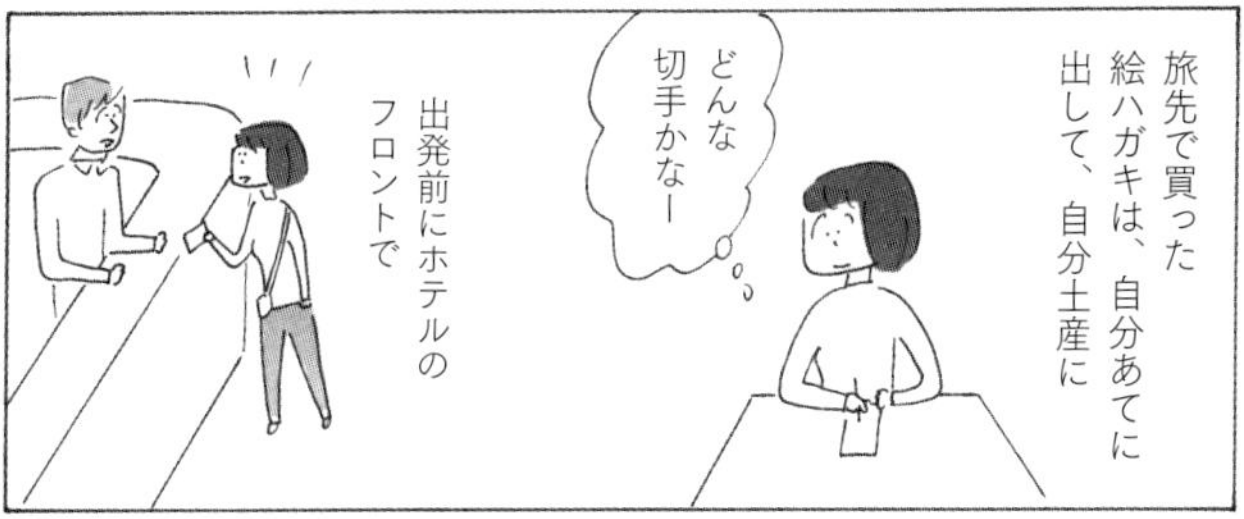
旅先で買った
絵ハガキは、自分あてに
出して、自分土産に
どんな
切手かなー
出発前にホテルの
フロントで

ツアー旅行の短い
お土産タイムは
パッと決めてすばやく
レジへ
パッ
これ3個
買っとこ
誰のお土産か
わからんが
レジが混む前に
行動～

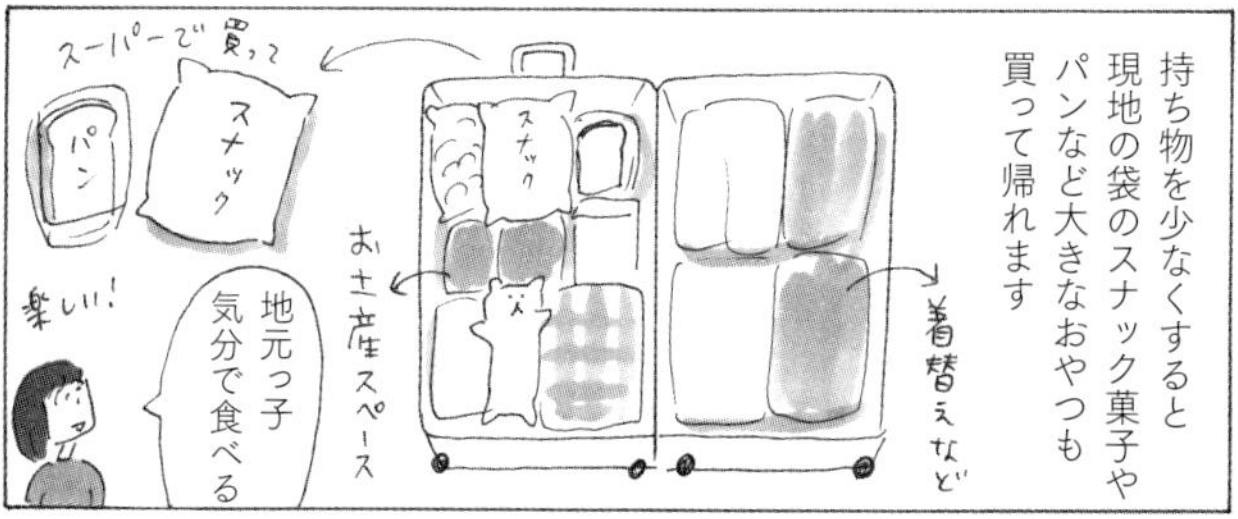
持ち物を少なくすると
現地の袋のスナック菓子や
パンなど大きなおやつも
買って帰れます
着替えなど
スナック
お土産スペース
スーパーで買って
スナック
パン
地元っ子
気分で食べる
楽しい!!

平《ピン》渓《シー》天《テン》燈《ダン》祭《サイ》

台湾

２０１７年　２月10日〜２月12日（48歳）
ツアー名『年に一度の台湾伝統祭り平渓天燈祭に参加！　台湾３日間』
１３２,２５０円（ひとり部屋追加料金込み）

日　程	スケジュール	食　事
1日目	空路、台北へ。空港出口にて日本語係員が旅行会社のプレートを持ってお出迎え。 九份へ移動。 九份観光。夕食は「海悦楼茶坊」にて郷土料理。 十分へ移動。「天燈上げ体験」。	
2日目	午前、台北市内観光。故宮博物院、忠烈祠を見学。 昼食は「鼎泰豊」にて小籠包などの点心料理。 永康街散歩（フルーツかき氷の試食付き）。 土産店にてショッピング。 平渓の祭り会場へ移動。「平渓天燈祭」に参加。 夕食は担仔麺などの郷土料理。	
3日目	出発まで自由行動。 日本語係員がホテルのロビーまでお出迎え。 空港への途中、免税店へ。 空路、帰国の途へ。 羽田空港着。	

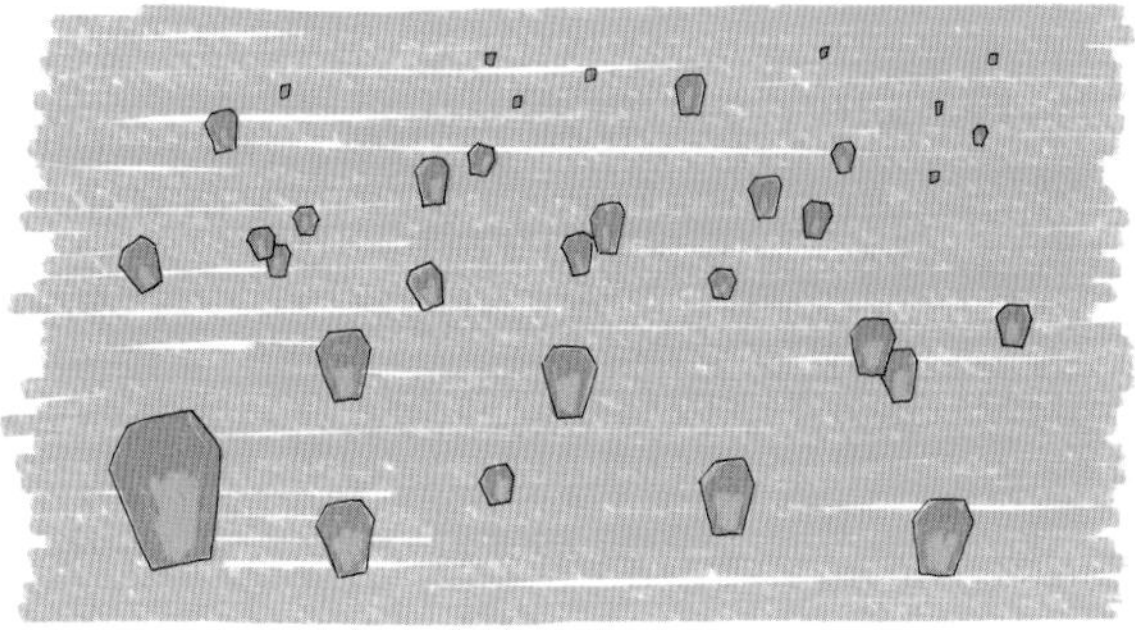

一度でいいな。

平渓天燈祭《ピンシーテンダンサイ》から台北《タイペイ》市内に戻る乗り合いバスの中で思った。車内は混んでおり、山道の急カーブがつづいていた。「立ち席」を選んだからおよそ1時間は座れない。会場でも何時間も立ち通しだった。からだは冷えきり、特に足先がじーんと冷たい。

この祭りにもう一度来ようとは思わない。浮かぶ言葉は疲労困憊《こんぱい》。けれど重要なのは、この「一度」に心から満足していることだった。一度でも来られて本当によかった。

2泊3日の台湾の旅。

旅のメインは平渓天燈祭。願い事を書いた天燈《ランタン》に火を灯し、空に上げる祭りである。大きな紙風船を気球のように熱で飛ばすと言えばわかりやすいだろうか。

ディズニー映画『塔の上のラプンツェル』に、この天燈上げをモデルにしたシーンがあるらしいが、わたしは旅番組で知った。夜空にいくつもの天燈が上がり、美しいなぁと思ったものの、山の中のようだし、どうせ個人で行けないのだしと他人ごとだった。しかし、ネットで検索してみたら平渓天燈祭体験ツアーなるものがあったのである。さらに、見るだけでなく、自らの願い事を書いて天燈を上げることができるというではないか。開催は2カ月後。迷う間もなく申し込んだのだった。

東京からのフライトは、羽田発か成田発かを選ぶことができた。台北市内へのアクセスがよいのは羽田発、松山《ソンシャン》空港行き。成田発だと、市内から少し離れた桃園《とうえん》空港に到着する。わたしは羽田発をチョイスした。ちなみに、航空会社はエバー航空だったのだが、機内はハローキティ一色。シートのカバーも、クッションもキティちゃん。搭乗中にかかっている音楽もピコピコポコーン♪　みたいにとにかく陽気。

このゆるさ、案外、いいのかもしれない。邪気を抜かれるというか。キティちゃんに囲まれ、ピコピコポコーン♪　の中なら、普段、些細《ささい》なことで怒りだすような人も穏やかでいられるのでは……。ちなみに、機内食のナイフやフォークもキティちゃんで、トイレにいたっては、トイレットペーパーの柄までキティちゃんという徹底ぶりだった。

羽田から松山空港まで約3時間半。

今回は近場だし、添乗員同行ではなく、現地ガイドが空港でお出迎えというプランにしてみた。出口で案内のプレートを持って待機していた男性の台湾人ガイドさんに引率され、観光バスに乗り込む。わたしたちのグループは約30人。大半が女性同士で、夫婦は3組ほどだろうか。ひとり参加は、わたし以外に女性がもうひとり。他に2台のバスが用意されていたので、人気のツアーのようだった。

まずは茶芸店へ。台湾茶のショップに立ち寄りお土産タイム。この茶芸店では日本円から台湾ドルに両替する時間が用意されていた。みな、ここで一斉に両替していたが、わたしは日本で済ませておいた。

その後、バスは九份《クフン》へ。高速に乗り、40分ほどで到着する。

台湾にはずいぶん前に一度友達と来たことがあり、九份にも寄ったのだが、そのときはそこまで混んでいなかった。再訪してびっくり。大混雑！　平渓天燈祭のせいかもしれない。

メインストリートはすし詰め状態。階段をのぼる人、下りてくる人がひしめき合っていた。『千と千尋の神隠し』の舞台と言われている、赤提灯《ちょうちん》がノスタルジックな食堂の前は、写真を撮る人々で渋滞し身動きがとれないのである。

ガイドさんによると、九份は、昔、金鉱で栄えた街で、金鉱が尽きてからは衰退したものの、やがて映画の舞台になったり、『千と千尋の神隠し』で話題になったりして、再び脚光を浴びたのだそうだ。

しかし、夜の幻想的な九份の街を歩きながら旅情に浸る、というのはちと難しかった。高

お土産に
干支の形の
クリップ

夜の九份。すごい人出

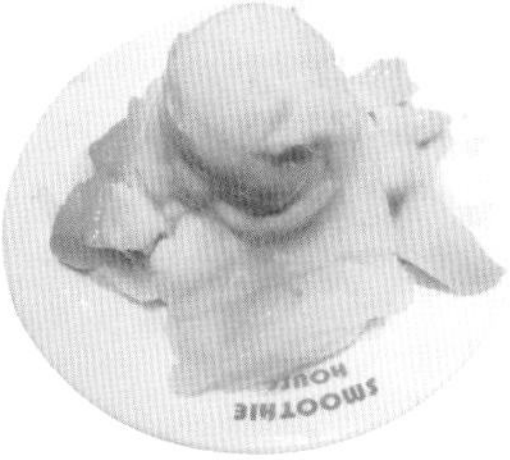

真冬に食べたマンゴーかき氷。
ツアーについていたので
お店は貸し切り

台のレストランのテラスから眺めて楽しむ。そういう心づもりでいくと、やはりとてもきれいな景色である。

ちなみに日本に帰ってスタジオジブリのホームページを見てみたら、九份が『千と千尋の神隠し』の舞台だとは明言していなかった。大いに参考にした場所、「江戸東京たてもの園」とだけある。ジブリ映画はさまざまな地域を少しずつ取り入れていると書かれていたので、九份もその一部ということなのかもしれない。


九份でそろって食事をしたあとは、観光バスで十分《シーフン》へ。

このツアーに参加するまで「天燈上げ」について把握できていなかったのだが、十分に来て、ようやく理解できた。

「天燈上げ」は一年中できるのである。九份から近い十分の街は、天燈上げ体験ができることでも有名で、個人で来てお金を払えば、昼でも夜でも上げることが可能なのだ。

今回のツアーの目玉となっている平渓天燈祭は、年に一度の天燈上げの祭りで、こちらは国営で行う大規模なもの。整理券がなければ天燈上げはできないが、ただし見ることはできる。日本でいうなら、大規模な花火大会というところか。

わたしたちのツアーは、このふたつの天燈上げを体験できるというもので、まず初日の夜は十分の気軽なものからなのだった。

十分の天燈上げは、なんと、線路で行われる。

電車は1時間に数本しか通らないので、その時間を利用し、線路内に入って天燈上げをするのだ。線路の両脇には天燈を売る店が並び、購入すると点火までの面倒をみてくれるシステムである。

わたしたちはツアーなので、到着するとすでに天燈に願い事を書く準備がしてあった。

天燈は和紙より厚いパリパリとした紙でできていて、それに墨と筆で願い事を書く。幅100センチ、高さ120センチくらいだろうか。グループごとに1個、用意されており、わたしはひとり参加の女性とペアでひとつ。天燈の色にも意味があり、わたしたちのツアーは全員黄色だった。黄色は金運とのこと。「ステキなことがありますように」と書いたあと、冒頭に「2017年に」と付け足した。長いスパンではなく短期間で効果が欲しい！　という俗っぽいわたしである。

天燈の中に着火用の紙がセッティングされていて、係の人がチャッカマンでそれに火を付けてまわる。天燈の中にボワッと火が灯り、ストーブにあたっているような温かさに。みんなで一斉に上げるから、飛んでいかぬよう天燈の縁を足で踏んでおくように言われる。そして、全員の天燈に火が付けられたら、3・2・1で手を放した。

夜空に天燈が上がっていく。

全体のツアー参加者の数からして25～30個ほどだっただろうか。

明日に控えている平渓天燈祭では、約150個の天燈が一度に上げられる。この5倍きれいなのかと思うと期待に胸がふくらんだ。

旅の2日目。

平渓天燈祭は夜なので、日中は観光プランがつまっている。

まずは、国立故宮博物院へ。中華文化の宝庫と呼ばれるだけあって、めちゃくちゃ広い。めちゃくちゃ広くて、めちゃくちゃ混み合っている。

イヤホンガイドを渡され、ガイドさんの解説を聞きながら館内をまわっていく。

このイヤホンガイドには落とし穴がある。声がよく聞こえるせいでガイドさんが近くにいる気になり、いつの間にか群れからはぐれている、という事態に陥りかねないのだ。

恐ろしいことに、今回、わたしは完全に迷子になってしまった……。「翠玉白菜《すいぎょくはくさい》」をいろんな角度から眺めていたところ、気づけばまわりは知らない人ばかり。ちなみに、「翠玉白菜」とは天然の翡《ひ》翠《すい》で作られた白菜の彫り物で、故宮博物院のシンボルである。みな、これを目当てに、ここに来ていると言ってもよい。

　イヤホンマイクから、ガイドさんの声だけは聞こえてくる。なにか、皿の説明のようだ。しかし、それも次第に聞こえなくなり、一行から自分が離れていくのがわかる。わたしは首からかけたイヤホンガイド本体を手に、ガイドさんの声を探して歩いた。その姿はまるでダウジングしている人……。20分くらいかかって、ようやく別のフロアーに移動していた仲間たちを発見。さりげなく合流するも、わたしが行方不明だったことに誰も気づいてはいなか

十分の天燈上げ。線路で

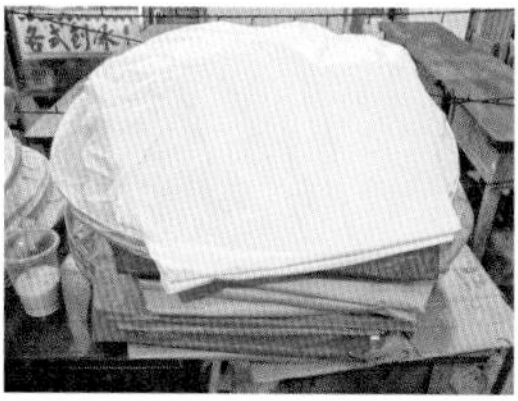

店先にたたんで売られている天燈

忠烈祠見学

鼎泰豊の小籠包

った。

故宮博物院の次は、バスで忠烈祠《ちゅうれつし》へ。陸海空軍による衛兵交代のセレモニーを見学する。

バスの中で台湾人ガイドさんからアドバイス。

「日本人は控えめだから、写真を撮るときはもう少し図々しくなってください」

みな笑って聞いていたが、実際、図々しくしないと好き放題されてしまうのだった。

衛兵交代は、毎正時に行われる。銃剣を手にした数名の衛兵による一糸乱れぬ行進。早めに行ってよく見える場所を確保していたにもかかわらず、いざ、はじまらんとするとき、背後からすーっとやってきた中国人観光客らしき中年の男がわたしの真ん前に立ったのである。まったく前が見えない。わたしはガイドさんの言葉を思い出し、負けじと彼の前に出た。すると今度は左隣から、別の年配の男がわたしの前へ。そこでまた一歩前に出て最前列へ！　わたしは負けなかった。ただし、その場を見渡せば、自分が「ものすごく前に出ている図々しい女」になっていたのだった。

ランチは小籠包《しょうろんぽう》の名店「鼎泰豊《ディンタイフォン》」へ。旅行代理店のツアーでも予約ができないらしく、店の前で30分ほど待機。待ち時間が多いので、ツアー客同士も少しずつ会話が増え、「おひとりで参加なんですか？」と声をかけてくれる人も。

ツアーに参加していると、いろんな人間関係があるのだなぁと改めて思う。ほんの数日ではあるけれど、一緒に行動していればグループごとの雰囲気が伝わってくる。

これが高校のクラスだとしたら、自分はどのグループに入るだろう？

こっちの３人組はひょうひょうとして楽しそうだけど、あっちのふたり組の感じも好きだな。あそこは苦手かも、文句が多いし。

ぼんやりそんなことを考えられるのも、ひとり参加の小さなお楽しみ。

鼎泰豊の小籠包は、皮がもっちもちでおいしかった。大きな蒸籠《せいろう》に入って出てきたのを、みな、瞬時に「ひとり何個」と目で数えていたのが面白かった。むろんわたしも数えた。


というわけで、いよいよ平渓天燈祭である。

観光バスで、平渓天燈祭行きバスの発着所になっている台北市内の動物園前まで行き、そこからは公共のバスを利用することになる。

エレクトリカルパレードのように引っ切りなしにバスが到着し、次々とそのバスに乗り込む。立ち席と座り席の列があり、少し待つが行きは座り席で。1時間ほどで平渓に到着した。ちなみに「平渓」は地名。前夜に行った十分も平渓にあるのだった。

天燈上げをするには、当日の午前中に配られる整理券が必要で、それは旅行代理店が確実にゲットしてくれている。だから、あとは決められた時間に会場に行けばよいだけなのだが、

昼間の天燈上げ

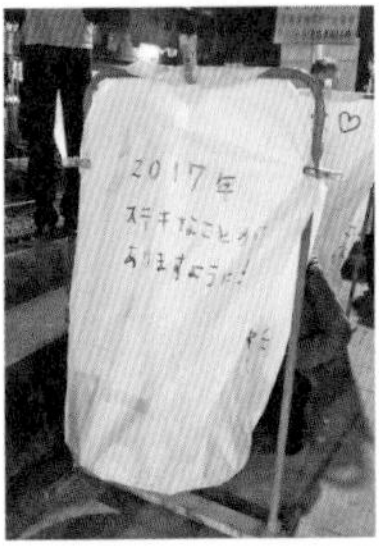

十分にて

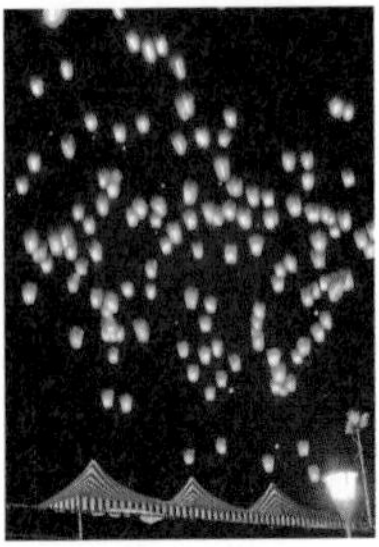
夜がやっぱり美しい

バスを降りると、人、人、人。まぁ、前に進まない。

バス停から会場まで、本来ならば約10分。わたしたちのツアーが天燈上げをするまで、まだ2時間の余裕があったのだが、あまりにも前に進まないので「間に合うだろうか?」と不安になってくるほどだった。

ぎゅうぎゅうの人ごみの中、先頭に立つガイドさんから伝言が届く。

「強引に進むのでついてきてください!」

後方にその言葉を伝え、我々はミシミシと前進。なんとか、1時間前に待機所に到着できた。

平渓天燈祭の流れはこうだ。

十分では
筆に墨をつけて書いた

手を放すまでのドキドキ感

火を付けてもらったあとは
飛んでいかぬよう、足で押さえる。
一斉に上げるため、ツアー全員の
天燈に火が灯るのを待つ

天燈は1回につき約150個ほど上げられ、それが一日に8回（とガイドさんは言っていた）行われる。整理券に自分たちが何回目なのかが書いてあり、それに合わせて会場入りする。会場は広いグランドで、前方には豪華な舞台。天燈上げの合間に歌のステージなどがある。グランドには、これから天燈上げをする人しか入ることができず、自分の番が終わったら出ていき、次のグループが入るしくみだ。グランドのまわりに席らしいものはなく、みな立って見物している。整理券がなくても天燈上げを間近で見ることは可能だった。

結局、どんどん時間が押し、さらに1時間以上待っただろうか。東京より寒いということはなかったけれど、山間《やまあい》だし、長時間だし薄手のダウンコートを2枚重ね着し、カイロを腰に貼っていたけれどじわじわ冷えた。

もうすぐわたしたちの番だ。

そのときがきた。

整列し、ぞろぞろとグランドに入っていった。天燈は4人に1個。4面あるので、ひとり1面、願い事が書ける。

油性マジックを渡された。みんないろんなことを書いていた。世界平和を願う人もいれば、宝くじの当たりを願う人も。わたしは「やさしい気持ちでいられますように」と書いてみた。

そんな気分だった。

各天燈にひとりボランティアがついて面倒をみてくれる。わたしたちの天燈には、大学生くらいの女の子がついた。

チャッカマンを持った係の人がまわってくる。

火が灯った。

ゆうべの十分での天燈上げと同じく、縁を足で踏み、150個の天燈に火が入るのを待つ。

いよいよだ。

わたしは決めた。写真は撮らないでおこう。

「天燈を放したら、すぐに写真が撮れるように準備しておいてください」

ガイドさんはアドバイスをしてくれていたけれど、わたしは、ただ、見ていたいと思った。

「3・2・1」で手を放す。

真っ赤な天燈が一斉に上がった。

夜空にゆっくりと吸い込まれていく。本当にきれいだと思った。

そしてわたしは空想する。いや、妄想か？

今、この上空を地球外生命が、偶然、通りかかったとしよう。

彼らは、初めて地球人を見た。その地球人とやらが、ワーワー言いながら上げている天燈。

わかるんじゃないだろうか。

これが祈りの祭りであるということ。

願う気持ちや、美しさには宇宙規模で共通するものがあるように思えた。

お世話をしてくれたボランティアの女の子にお礼を言い、会場を後にした。再び乗り合いバスに揺られ、台北市内のホテルに戻ったのは夜の12時前。へとへとだった。バスタブにたっぷりお湯を張り温まった。

一度でいい。もう一度行きたいと思えなくても、この一度は尊いものだった。美しいものが見られたと、異国のバスルームで胸が熱くなった。

ツアー旅行の短い自由時間
夜はコンビニパトロール

お皿から思うこと
台湾旅行の食事は
基本、大皿料理で
料理が出てきた瞬間、
テーブルごとに
「どーぞ、どーぞ」みたいな
空気になるのですが、
お先に
どーぞ
どーぞ
3皿目くらいから
その人の性格が
見えてくるようになり
気が合いそうな人、
というのは
もぐ
小さなお皿の上からも
判断できるものなのだな
と思ったのでした
おいしー

海外のアイスクリームボックスを
のぞくのは楽しい。
ここで生まれ育っていたら
どんなアイスを食べて大人になったんだろうと思う

十分で見かけたアイスクリームボックス
色とりどりのプラスチックのカプセル
わくわくするアイスクリーム

台湾の街、自由気ままな窓やベランダ。
乱雑なのに、きれいだと見上げている自分がいた。

いろいろ買ったお土産
自分用も誰か用も

旅から帰ると、すぐに
楽しいお土産の
仕分け

これは
あの人で
あれは……

現地の新聞紙
などで包装します

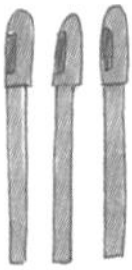

ペン
（ドイツ）

ドライアップル
（ドイツ）

ビール
（ドイツ）

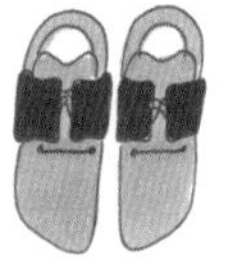

ビルケンのくつ
（ドイツ）

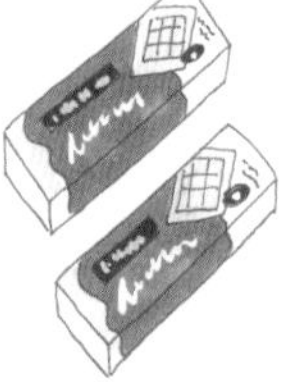

チョコレート菓子
（ブラジル）

ソープ
（ブラジル）

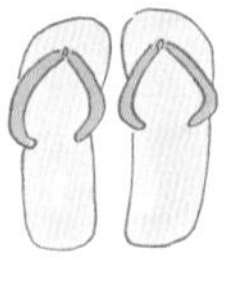

ハワイアナスの
ビーチサンダル
（ブラジル）

マテ茶
（ブラジル）

ウールのくつ下
（ノルウェー）

ウールのしきもの
（ノルウェー）

スーパーマーケット
「イヤマ」のトートバッグ
（デンマーク）

コースター
（ノルウェー）

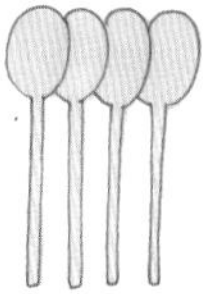

木のスプーン
（デンマーク）

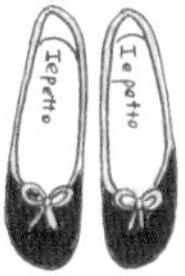

バレエシューズ
（フランス）

塩
（フランス）

塩キャラメル
（フランス）

シードル
（フランス）

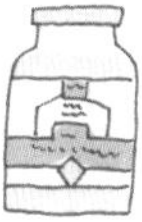

はちみつ
（フランス）

茶葉
（台湾）

茶器
（台湾）

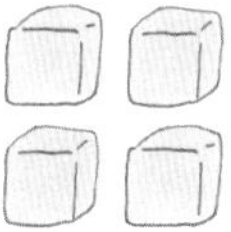

パイナップルケーキ
（台湾）

がまぐち
（台湾）

プリンスエドワード島の旅

カナダ

２０１８年　６月29日〜７月５日（49歳）
ツアー名『プリンスエドワード島と東部カナダの街へ』
４８８，９００円（ひとり部屋追加料金込み）

日　程	スケジュール	食　事
1日目	成田空港から、モントリオールへ。機中泊。飛行機を乗り継ぎ、一時間半ほどでプリンスエドワード島のシャーロットタウン空港に到着。	✈ ✈
2日目	『赤毛のアン』の舞台キャベンディッシュ村へバスで移動。昼食は、プリンスエドワード島名物のロブスター。午後は、モンゴメリのお墓や生家などを観光。	🍴 🍴 🍴
3日目	バスでモントリールへ移動。地元の人も通う大きなマーケット「ジャンタロンマーケット」やノートルダム・ド・モンレアル大聖堂へ。夕食は、ホテル内のレストランでコース料理。	🍴 (🍴) 🍴
4日目	朝からバスで3時間かけて世界遺産の街ケベックシティへ移動。旧市街地にて自由時間。昼食は、ケベックの郷土料理。	🍴 🍴 🍴
5日目	飛行機で1時間半ほどかけてトロントへ。空港からバスで2時間、「ナイアガラの滝」があるナイアガラフォールズへ。ナイアガラクルーズに乗船。	🍴 🍴 (🍴)
6日目	朝、トロントへバスで移動。空路、帰国の途へ。	🍴 (🍴) ✈
7日目	羽田空港着後、解散	✈

カナダにあるプリンスエドワード島。

小説『赤毛のアン』の舞台でもあり、「世界一美しい」と言われているこの島にいつか行けるといいなぁと憧れていたのだが、スーパーの帰りに旅行代理店に寄ってみたらあっという間に手続きが済んでしまった。プリンスエドワード島が含まれている添乗員同行ツアーはふたつしかなく、せっかくなのでナイアガラの滝観光が入っているほうをチョイス。機内泊もふくめて7日間の旅である。

梅雨明け早々の東京。

成田からエアカナダの直行便でモントリオールへ。飛行機を乗り継ぎ、そこから1時間半ほどでプリンスエドワード島にあるシャーロットタウン空港に到着。タラップから降りるとき、まんまるの月が浮かんでいるのが見えた。さまざまな待ち時間を合わせると、家を出てから1日がかりである。

ツアー旅行は、遅い時間になったとしても夜に着くほうが断然、からだは楽だ。昼に到着してすぐ観光が始まる場合もあるけれど、あれは、なかなかハードである。

一晩眠り、ホテルでの朝食後、集合時間までひとりで散歩にでかけてみる。現地のガイドさんからもらったシャーロットタウンの地図を広げつつ、街の中心部のほうへ。ちなみに、シャーロットタウンはプリンスエドワード島（プリンスエドワードアイランド州）の州都である。

そういえば、カナダでの入国審査で「どこに行くのか」と審査官の男性に質問され、

「シャーロットタウン」

と答えたところ、わたしの発音ではまったく通じず、

「チャイナタウン？」

と聞き返されていたのだった。

ホテルから歩いて10分もすると、チャイナタウン……じゃなくてシャーロットタウンのメインストリートに出た。レンガ造りの建物も多く、クラシックな街灯が並ぶかわいらしい街である。地図を見る限り繁華街は小一時間あればまわれそうという感じ。

開店前の土産物屋を外からのぞく。赤毛のアン人形や、地名が入ったマグカップ、マグネットなどが並んでいるのが見える。その2軒ほど先には「赤毛のアン」のチョコレートショ

ップがあり、早くなんか買いたいなぁと思いつつそのまま港のほうへ。

小さなヨットハーバーがあった。ウォーキング中の地元の人もちらほら。海にはマッシュルームのように丸いクラゲがぷかぷか浮いており、

「プリンスエドワード島のクラゲかぁ」

しみじみ眺める。

来た道と違う道を通ってホテルに戻る途中、教会の前に出た。

出入り口のドアを磨いている男性がいた。それはそれはていねいに磨いていた。きっと誰も見ていなくても毎日そうやっているのだろう。それがこの人なのだ。この人の生き方なのだ。中に入っていいですか？　というわたしのジャスチャーを見て、彼は「もちろん」という顔でうなずいた。

入って圧倒される。ゴシック様式の立派な教会だった。朝の太陽が鮮やかなステンドグラスを抜けて射し込んでいる。お祈りをしている人が3人いた。セント・ダンスタンという教会だった。

さて、観光初日は『赤毛のアン』の舞台になっているキャベンディッシュ村である。「グリーンゲイブルズ」「おばけの森」「輝く湖水」など、アン関連の観光が一式組み込まれてい

る。

例のごとく、ホテルから巨大な観光バスに乗り込んだ。日本から同行の添乗員の他に、行く先々で現地の日本人ガイドが待っているというシステムも変わりなし。今回は20人ほどのツアーで、ご夫婦何組かと、あとは女性同士。ひとり参加はわたしを含めてふたり。全体的に年齢層が高く、平均年齢65歳というところか。中には80近いご夫婦も。49歳で最年少というわたしは、この旅で「若い若い」と始終言われることに。

まずは「グリーンゲイブルズ郵便局」へ。

『赤毛のアン』の作者・モンゴメリの祖父母が郵便局の仕事をしていたそうで、当時を再現した建物内は博物館になっていた。

モンゴメリ自身も祖父母の郵便局を手伝いながら、出版社に小説を売り込んでいたそうな。これが結果的によかったらしい。郵便局員だから、原稿の不採用通知が届いても誰に知れることなく真っ先に受け取れる。だから、送りつづける勇気が出たのだという。

「郵便局の仕事をしていなかったら作家デビューはできなかったかもしれない、とモンゴメリはのちに語っていたそうです」

ガイドさんの話を聞きつつ、博物館を見学。ここからハガキを出すと記念のスタンプが押してもらえるので、自分あてに一通送る。

アンの家のモデルになった「グリーンゲイブルズ」は、映画のシーンそのままに建っているとばかり思っていたので、そこに行く手前に発券所があることにまず驚いた。そりゃそうだ。無防備なまま丘の上に建っているわけがない。島の大切な観光資源なのだ。駐車場からガイドさんに引率され、券売所を抜けると「グリーンゲイブルズ」が建っていた。

観光客が大勢いて、みなバシャバシャと写真を撮っている。むろん、わたしも撮る。建物の中の部屋は小説どおりに再現されているとかで、アンの部屋には「割れた石盤」が、キッチンの戸棚には「イチゴ水」が置かれてあった。混み合っているので、歩き見しつつ、すばやく写真を撮る流れである。

「グリーンゲイブルズ」の庭の先に階段があり、そこを下っていけば「おばけの森」に入っていくことができる。しばらく自由時間だったので、ひとりで森へ。

すべて終わってみれば、アン関連の観光名所の中では、わたしは「おばけの森」が一番好きだった。適度に整備されてはいるものの、遊歩道脇の倒れた木がわざとそのままにしてあり、かなり自然な感じだった。木漏れ日で森は明るいが、夕暮れにひとりで歩くとひやりとするに違いない。ここに遊びに来ていた幼い頃のモンゴメリが、あるいはアンとダイアナが「おばけの森」と恐れた気持ちがよくわかる。途中、ゴルフコースを横切るという味気なさはあったけれど……まぁ、よしとした。

この「グリーンゲイブルズ」は、もともとモンゴメリの祖父の親戚の家で、兄のデービットと妹のマーガレットがマートルという養女とともに3人で暮らしていたのだそう。リアル「赤毛のアン」ではないか。

徒歩圏内に「恋人達の小径」もあり、そこも歩いてみたが「おばけの森」のこざっぱりバージョンというところか。時間がないなら「おばけの森」をおすすめしたい。

昼食はプリンスエドワード島名物のロブスターである。

赤土のじゃがいも畑

「おばけの森」につづく道

アンの部屋。
窓から庭が見える

アンとダイアナが通った
「おばけの森」

アンの部屋には
アンのカバン

おばけの森で
深呼吸
旅から戻って知ったけど
グーグルのストリートビューでも
歩けます

赤土の海岸、キャベンディッシュビーチ

ロブスターが脱皮をする7月は漁が禁止されているので、6月最終日に来島したわたしたちは、ぎりぎりセーフ。しかも、一番おいしい季節なのだそうな。

プリンスエドワード島の住民たちにとってもロブスターは夏のごちそうで、日本でいうなら「寿司」にあたるハレの日の食べ物。5月の母の日にその年初めてのロブスターを食べてお祝いするのだそう。

食べごろは8〜12歳のロブスターで、重さにすると400グラム〜1・5キロほど。レストランに向かうバスの中でのガイドさん情報である。

「脱皮を繰り返して、なんと70歳くらいまで生きるんです。そんなに大きくなる前の一番いい時期に食べられるのが、ロブスターにとっても幸せかもしれませんね」

一瞬、車内に「フッ」という小さな笑いが起こった。若いガイドさんにはその笑いの本質がわからなかったであろう。これは年齢層高めのツアーなのだ。

ロブスターは、いわゆるザリガニである。

そして、わたしはザリガニのシルエットが怖い。エビやカニも怖い。分解し調理してあれば食べられる。おいしいとも思う。どうも外見が苦手なのだ。

日本で旅のしおりを読んでいたときに「昼食はロブスターをご用意します」と書かれてあるのに気づき、茹でたのがそのまま一匹出てきたらどうしよう……と案じていた。

案じていたとおりになった。

お皿に、ひとり一匹。ボイルされ、真っ赤になったロブスターが登場。猫くらいデカい。

みなの声が弾んでいる。これを見ておいしそうと思えるなんて、にわかに信じがたい。

「おいしそう～！」

とはいえ、場の空気もある。

「おいしそう～！」

わたしも手を叩いて喜んだ。

「豪快に手でむいて食べてください。殻入れはここです」

置かれた透明のバケツは、ちょうどわたしの真ん前。なんの試練だ？ だが、もうやるしかない。

ナフキンをそっとマイロブスターにかけ、できるだけ視線を合わせないよう天井を見ながら殻をむく。

溶かしバターにつけ、食べてみた。身がぷりぷりしていて臭みもない。ロブスターの裏側の、長い脚がうじゃうじゃしているところを目撃してしまい心臓がバクバクしたけれど、取りあえず完食。おいしかった。むき身で出してくれていたら、もっとおいしかった。みな満足そうだった。

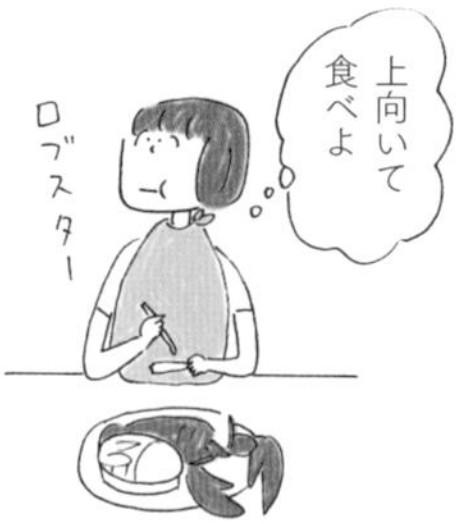

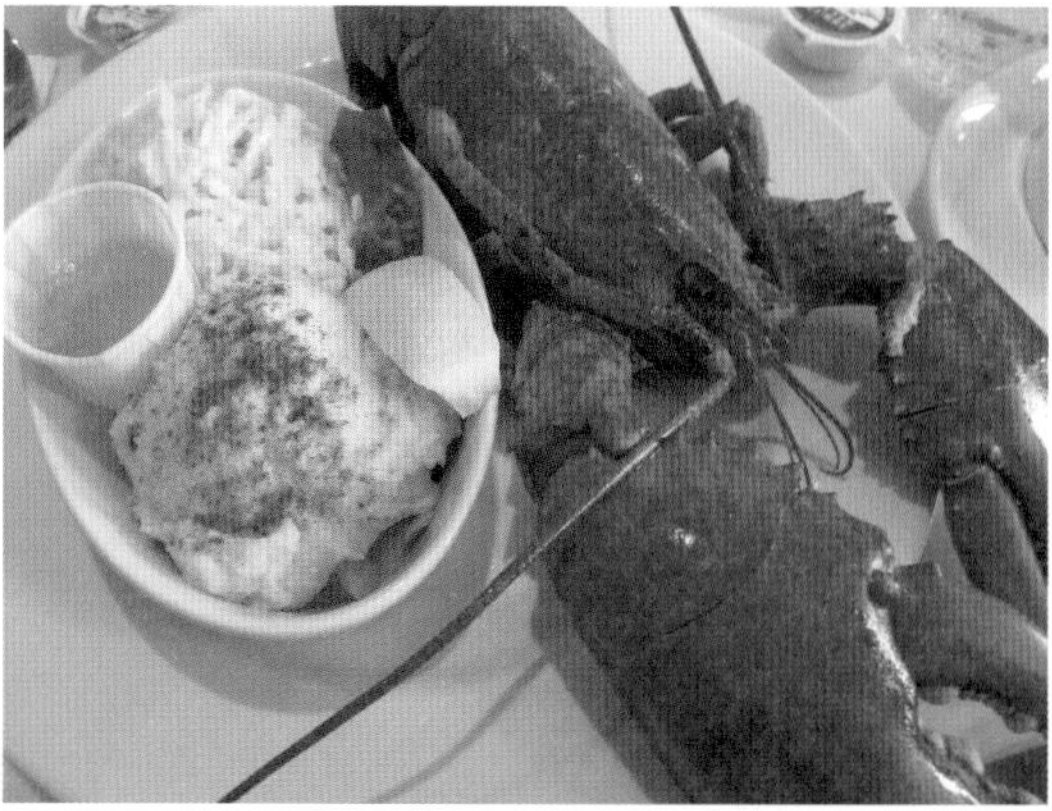
猫くらい大きいロブスター

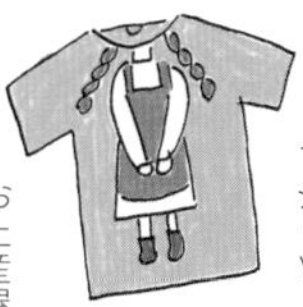
子供用
アンになれる
Tシャツ
お土産屋さんで

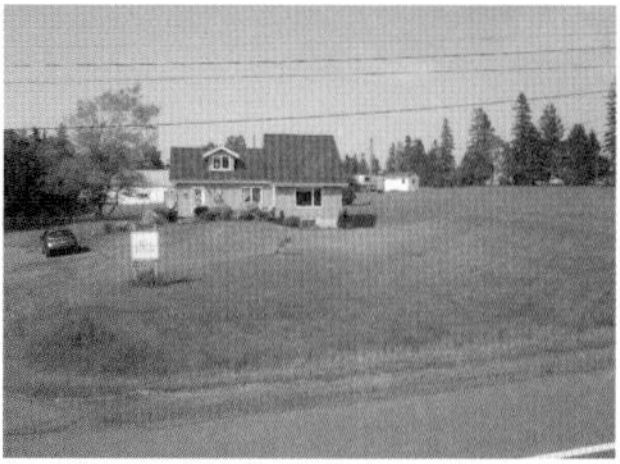
バスの窓から見えるかわいい家々

昼食後も、アン関連の観光がつづく。モンゴメリの墓や、モンゴメリの生家、アンが初めてプリンスエドワード島に来たときに降りたことになっている「ケンジントン駅」にもバスで立ち寄る。現在は鉄道も廃線しており、駅はオープンテラス付きのカフェになっていた。「輝く湖水」は子供の目になって見れば、ちゃんと「輝く湖水」だった。大人の目で見ると溜め池のようでもある。周辺には、なだらかな緑の丘と、赤土のじゃがいも畑。このかわいいパッチワークのような大地が、世界一美しい島と呼ばれるゆえんなのかもしれない。

観光を終えてホテルに戻ると、夕食の前後に自由時間があった。朝見たチョコレートショップで土産を買い、コンビニではロブスター味のポテトチップスを購入。プリンスエドワード島はじゃがいもの産地としても有名で、カナダ全土に出回っているじゃがいもの3割ほどがプリンスエドワード島産なのだとか。

わたしたち一行の到着と同時に、ここカナダ東部は何十年ぶりかの猛暑に見舞われ、持参したTシャツの数が足りないことに気づく。シャーロットタウンと英語で書かれたTシャツを土産物屋で買い足した。

三日目はプリンスエドワード島に別れを告げ、バスでモントリオールへ。

車窓から見えるのは、豊かな土地である。当たり前だがカナダはデカかった。じゃがいも畑はもちろん、肥料用のトウモロコシ畑、どこまでもつづく大豆畑。

「カナダの大豆は日本にも輸出されています」

とガイドさん。そういえば、豆腐の産地によく「カナダ」と書かれてある。ここのを食べてたのかぁと、妙な親近感が。

モントリオールはケベック州の中心地である。面積は日本の約1000分の1で、人口は約180万人。公用語はフランス語である。

アンが感嘆した「輝く湖水」

ジャンタロンマーケットでサンドイッチ

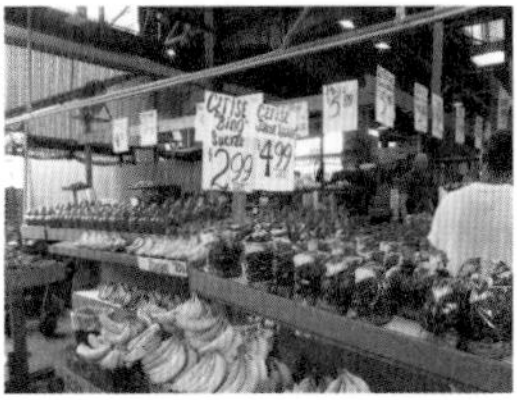
ジャンタロンマーケット

ホテルの朝食、自分でつくるワッフル

7月1日はカナダの建国記念日で、ちょうどこの日は祝日。イベントのため、街のそここで交通規制があり、観光バスは迂回迂回を繰り返し「ジャンタロンマーケット」へ。

ジャンタロンマーケットは、地元の人々も通う屋根付きの大きなマーケットで、野菜や果物、花や植木、チーズ、総菜などの店がぎゅうぎゅうに並んでいる。気軽な食堂もあるので、40分ほどの自由時間は、ここで各自昼食ということに。

活気があり、見て回るだけでも楽しい。チーズの専門店でパニーニが売られていたので、できたてを広場のテーブルで食べる。しかし、この日の気温は37度。外では食がすすまず、

青い教会「ノートルダム大聖堂」

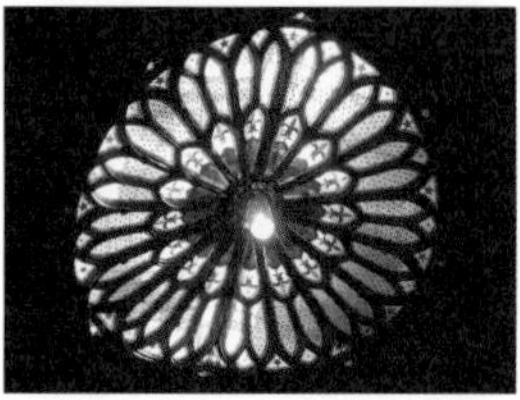

「ノートルダム大聖堂」のバラ窓

ナイアガラの滝にかかる大きな虹

エアカナダ機内食

半分しか食べられなかった。

再びバスに乗り込み、ノートルダム・ド・モンレアル大聖堂へ。見上げると首が痛くなるほど巨大な教会で、中に入ると、まず「青い！」と思う。

セルリアンブルーの床が正面の祭壇までつづき、その祭壇を包み込むような青いライトが天井まで伸びて教会の内側全体を青く染めている。

凝ったバラ窓やステンドグラス。いつまでも見ていたいような美しさだが、ツアーなので10分で終了である。

モントリオールで二連泊となるホテルはダウンタウンのど真ん中にあった。夕食は両日レストランでの簡単なコース料理。笑顔でやり過ごすのはツアー旅行の定石だが、連日、知らない人たちとの食事は、やはりちょっと疲れた。

翌日は3時間かけてバスでケベックシティへ。

ガイドさんいわく、

「ケベックシティは、日本の京都のようなところです」。

旧市街地は「プチ・シャンプラン通り」と呼ばれる石畳の道や、画家たちが絵を売る「トレゾール小径」など古い街並が残り、世界文化遺産にもなっている。

この日は、珍しく2時間近い自由時間があった。渡された地図をもとに土産物屋をまわり、ノートルダム聖堂にも入る。散策後にバスに戻ると顔がゆでだこのようになっていた。しつこいようだが記録的な暑さがつづき、次の日の移動先のトロントでは「体感温度は45度です」とガイドさんに言われ、もう笑ってしまった。帰国後ニュースサイトを見ると、観光したカナダ東部では暑さのせいで多数の死者が出たようだった。

さて昼食はケベックの郷土料理。この旅でもっとも好みの料理だった。メイプルシロップ工房を備えたレストランなので、メイプルシロップかけ放題。地元の人々はふかしたじゃがいもにまでメイプルシロップをかけるらしい。ハムのメイプルシロップ漬け（ひたひた！）もあった。生ハムメロン的な味わいでこれが意外と合う。メインの焼きたてミートパイもおいしくて、おなかいっぱい食べたかったけれど長いバス移動もあるので控えめに。

メイプルシロップは、いわずもがなカエデの木の樹液を煮詰めたものである。鉄分を多く含み、殺菌作用もあるという。喉《のど》にもよいそうだ。日本ではデザートにかけるイメージだが、地元の人たちは砂糖の代わりとして料理にも使っているそうだ。かわいい瓶入りはあくまでお土産用で、地元の人たちは大きな缶入りのメイプルシロップを買っているとのこと。

「ほうじ茶にメイプルシロップと牛乳を入れると、おいしいほうじ茶ラテができますよ」

ガイドさんが言っていた。あと、メイプルシロップ＋マヨネーズ＋ごま油＋しょうゆでし

メイプルシロップのお土産あれこれ

ケベックシティ観光
体感温度45度!!

メイプルシロップ屋さんで
メイプルキャンディを
作ってもらう

氷の上にメイプルシロップを
流し、それを棒でくるっと
まるめる

お土産に
いっぱい買った
メイプルキャンディ

ゃぶしゃぶのタレになるとも。こういうプチ情報は本当に楽しい。

それにしても暑かった。暑さで体力が消耗し、夜はベッドに横になるとあっという間に眠りに落ちた。

いよいよ旅の最後の観光地、トロントへ。モントリオールから飛行機で一時間半ほど。空港から「ナイアガラの滝」があるナイアガラフォールズまでは、バスで約二時間。

ナイアガラの滝は、世界三大滝の中ではもっとも水量が多い。ブラジルのイグアスの滝を観光したときに仕入れた情報である。

確かにどばどば流れて落ちていた。滝は二カ所に分かれていて、正面むかって左側がアメリカ滝。右側がカナダ滝。カナダ側のほうが大きいので、基本、観光といえばこちらである。アメリカ滝を見に行くには、橋を渡って国境を超えなければならない。

ナイアガラの滝の滝壺ぎりぎりまでつっこんでいく大型客船にも乗った。「ナイアガラクルーズ」というらしい。ちゃんとカッパ付きだ。

滝壺まですすむと水しぶきで視界は真っ白。ザーザーと大きな音を立てて落ちる滝を見上げた。まさに、大迫力。

子供たちがはしゃいでいた。カッパを着ていても顔は濡れる。大人たちもはしゃいでいた。

この日は早い時間から解散となり、終日自由行動。午後には滝に虹がかかることもあるとガイドさんが言っていたので見に行く。ホテルのすぐそばに有料のミニゴンドラがあり、それに乗ればすぐ滝である。

虹がくっきりと出ていた。

虹が好きだ。

空気に色がついているなんて素敵すぎる。家庭用の虹製造機が発明されないだろうか。寝っ転がっていつでも自分の虹が見られたら……。

川が滝として落ちていくのが見える「テーブルロック」と呼ばれる場所がある。川の水が引っ張られるようにして落ちていく。水はさらさらなはずなのに、なぜか「めかぶ」のようにとろとろに見える。真剣に見ていると吸い込まれそうで怖くなってくるほど。

カラフルにライトアップされた夜の滝も見に行ったが、太陽がないと水しぶきも冷たく、濡れた服でからだも冷えた。日中、自然な水の色で見る滝のほうがきれいだった。

カナダの旅を振り返る。

プリンスエドワード島の家々が思い出される。バスの車窓から見えたかわいい家たち。

赤や青の鮮やかな屋根。玄関まわりの花々。どの家も「自分が一番かわいい！」と胸を張っているようだった。

アンも、アンを創造したモンゴメリも、この景色を美しいと感じたに違いないと思うと感慨深かった。

お土産にいろいろ買ったポテトチップス

大迫力のナイアガラクルーズ

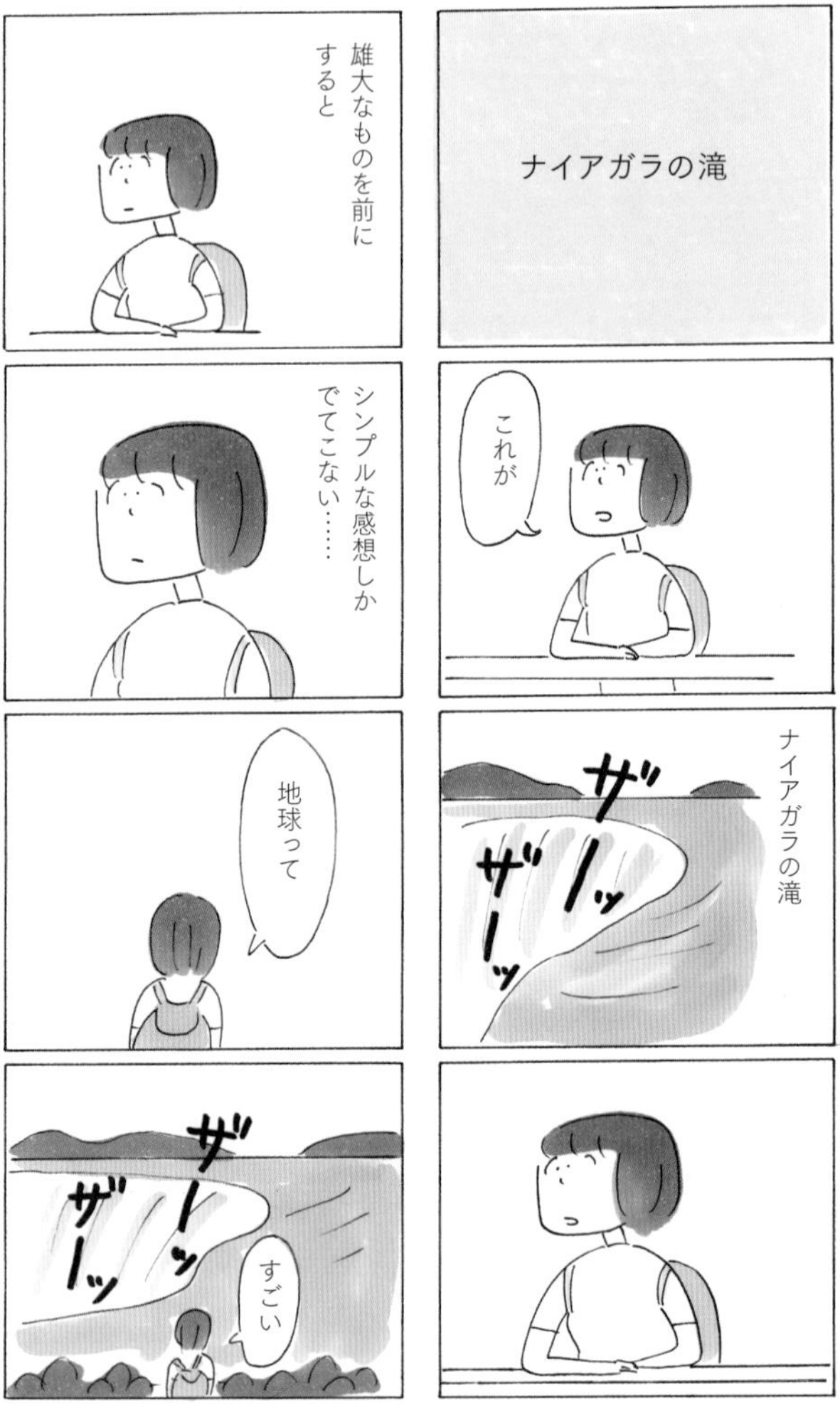
ナイアガラの滝
これが
ナイアガラの滝
ザーッ
ザーッ
雄大なものを前にすると
シンプルな感想しかでてこない……
地球って
ザーッ
ザーッ
すごい

パスポートさえあれば
とりあえずなんとかなる（一応）
パスポート
大丈夫!!
それがツアー旅行の
気楽さ

おわりに

ツアー旅行のひとり参加は、思いのほか快適だった。一日の観光を終えて戻るホテルの部屋。日記を書いたり、絵はがきを書いたり、洗濯したり。そして、ひとり、思いを巡らした。

5つの旅を通して一番美しかったのは？

と、聞かれたらなんと答えようかと考えてみた。どの旅にも実りがあった。ドイツのクリスマスマーケットは、翌年、友人らを誘ってもう一度行ったくらい。

ただ、振り返り、もっとも印象に残っている「美しさ」は、自分でも意外なのだがフィヨルドだった。

列車の窓から眺めた真冬のフィヨルド。

胸が締めつけられるような静かな美しさだった。それを、ただ黙って眺めていた時間そのものが、輝く思い出としてわたしの中にしまわれている。それが自分の人生にとってどんな意味を持つのかは、まだわからない。

わたしの40代はまだ少しある。ツアー旅行、もうちょっと行ってみたい気分。というか、いくつになっても行けそうな気がした。

２０１７年　夏

益田ミリ

文庫あとがき

オーロラを見る、クリスマスマーケットに行く、モンサンミッシェルに行く、リオのカーニバルを見る、天燈をあげる、そしてプリンスエドワード島に行く。6つのツアー旅行にひとりで参加した40代だったなぁと振り返る。

まだ行きたい場所はあるだろうか？

ある。スイスである。

子供のころ、テレビで見た『アルプスの少女ハイジ』。

わたしにとって初めて知る外国の女の子の暮らしぶり。

スーパーマーケットに電子レンジでチンのチーズフォンデュが並んでいるだけで、いまだハイジを思い出すのだった。

少女時代からずいぶん遠く離れたところまで来たけれど（遠い目）、いつかハイジの舞台となった美しいアルプスの山へ行ってみたい。

たとえ叶わなくても、行きたいところがあるのはいいものだ。

2020年　春

益田ミリ

本文デザイン　木村美穂（きむら工房）
写真（P8・9・111）濱田祐史

この作品は二〇一七年九月小社より刊行されたものに書き下ろし
「プリンスエドワード島の旅　カナダ」を追加したものです。

美《うつく》しいものを見《み》に行《い》くツアーひとり参加《さんか》

益田《ますだ》ミリ

令和2年8月10日　初版発行
令和6年6月25日　13版発行
発行人——石原正康
編集人——高部真人
発行所——株式会社幻冬舎
〒151-0051東京都渋谷区千駄ヶ谷4-9-7
電話　03(5411)6222(営業)
03(5411)6211(編集)
公式HP　https://www.gentosha.co.jp/
印刷・製本—株式会社　光邦
装丁者——高橋雅之

幻冬舎文庫

ISBN978-4-344-43011-2　C0195　ま-10-21